A roof for silence

UN TOIT POUR LE SILENCE

PAVILLON LIBANAIS LEBANESE PAVILION

Hala Wardé

À Aya Nour et Souraya,
nées un 16 du mois,
deux accidents heureux !
To Aya Nour and Souraya
born on the 16th of the month
two happy accidents!

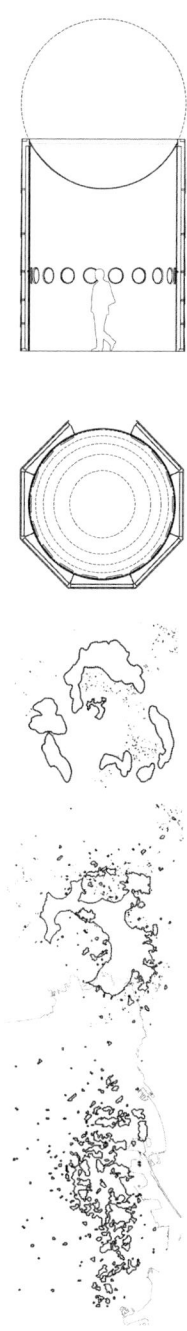

AVANT-PROPOS / FOREWORD

Avant-propos Foreword **Hala Wardé** • 9
Bienvenue à Venise Greetings from Venice **Roberto Cicutto** • 11
Mot d'introduction A few words **Rami Adwan** • 13
Un long parcours A long journey **Jad Tabet** • 17

LA GENÈSE / THE GENESIS

Concept architectural Architectural concept **Hala Wardé** • 23
L'Œuvre The Artwork • 24
Le Mythe The Myth • 25
Acheminement vers le silence Pathway to silence **Hala Wardé & Yves Michaud** • 31
Calligraphie Calligraphy **Samir Sayegh** • 39

L'ŒUVRE / THE ARTWORK

L'Œuvre The Artwork **Etel Adnan** • 45
Entretien Interview **Etel Adnan & Yves Michaud** • 61

L'ARCHITECTURE / THE ARCHITECTURE

Croquis préliminaires Preliminary sketches • 68
Dessins architecturaux Architectural drawings • 76
Détails d'exécution Execution details • 90
Maquettes d'étude Study models • 108
À propos d'architecture About architecture **Etel Adnan & Hala Wardé** • 114

CE QUI ARRIVE / WHAT HAPPENS

4 août 2020, 18 h 08 August 4th 2020, 6.08 pm • 119
Le silence de vivre The silence of living **Dominique Eddé** • 121

LES ANTIFORMES / THE ANTIFORMS

Incertain vide Uncertain void **Sophie Virilio** • 127
Les Antiformes The Antiforms **Paul Virilio** • 135
Métamorphoses Métamorphosis **Yann Perreau** • 141
Lettre à Hala Letter to Hala **Thierry Paquot** • 143

LES OLIVIERS DE BCHAALEH / THE OLIVE TREES OF BCHAALEH

Oliviers de Bchaaleh Olive trees of Bchaaleh **Fouad Elkoury** • 151

L'INSTALLATION À VENISE / THE VENICE INSTALLATION

Le lieu The site • 173
L'installation à Venise The installation in Venice • 174
Temps 1 Le mythe et les Antiformes Part 1 The myth and the Antiforms • 176
Temps II Métamorphoses Part 2 Metamorphosis • 178
Temps III Triptyque Part 3 Triptych • 184
Les oliviers, piliers du temps The olive trees, pillars of time **Alain Fleischer** • 186
Falling into time **Soundwalk collective** • 189
Temps IV Un toit pour le silence Part IV A roof for silence • 192
Vues de l'installation à Venise Views of the Venice insallation • 196

L'ITINÉRANCE / THE ITINERANCY

De Venise à Beyrouth From Venice to Beirut • 218
L'itinérance du pavillon The itinerancy of the pavilion
Anne-Marie Affeiche, Emma Lavignes, Alain Fleischer • 221

Crédits, remerciements et partenaires Credits, acknowledgements and partners • 226

AVANT-PROPOS
FOREWORD
Hala Wardé
Architecte & commissaire du Pavillon libanais
Architect & curator of the Lebanese Pavilion

A Roof for Silence est né d'une succession d'accidents, des plus heureux aux plus tragiques. Il a officiellement vu le jour le 16 octobre 2019, à la veille d'un soulèvement populaire historique au Liban. Malgré les vents contraires et les multiples turbulences qu'a traversés le pays, jusqu'à la catastrophe du 4 août 2020 qui a endeuillé un peuple et détruit le cœur du patrimoine architectural de la ville de Beyrouth, nous avons porté ce projet pour l'empêcher de mourir.

Projet miraculé, il puise son énergie dans la Culture, patrimoine immatériel et indestructible, comme dans les oliviers millénaires de Bchaaleh au Liban, qui ont dépassé l'âge de leur propre mort, et qui abritent au creux de leurs énormes troncs, la possibilité de vivre ensemble et de rêver, en revendiquant le droit au Silence.

Pour porter ce projet, nous nous sommes enivrés sans trêve. De poésie d'abord, de peinture, d'images et de musique.

En faisant dialoguer plusieurs époques et disciplines, l'œuvre est conçue avec et grâce à la contribution de plusieurs artistes. Une composition en quatre temps, autour d'une pièce architecturale centrale et essentielle : *un Toit pour le Silence.*

Cette architecture nomade et itinérante trouve son premier ancrage à Venise le temps d'une Biennale, dans le lieu magique des Magazzini del Sale, qui l'expose et que l'on expose.

Une installation « révélationnaire », comme il se doit.

A *Roof for Silence* was born of a succession of accidents, from the happiest to the most tragic. It saw the light of day officially on October 16, 2019, on the eve of a great uprising in Lebanon. In spite of the headwinds and the many turbulent episodes the country has gone through, right up to the catastrophe of August 4th, 2020, that destroyed a nation and the heart of the architectural heritage of the city of Beirut, we carried this project to term to make sure it didn't die.

A miracle project, it draws its energy from Culture, that immaterial, indestructible heritage, as well as from the ancient olive trees of Bchaaleh, trees that have passed their own dying age and that harbour, within the hollows of their enormous trunks, the possibility of living together and of dreaming, by claiming the right to Silence.

To bring the project to fruition, we got drunk continiously. On poetry, first of all, on painting, on images and on music.

Setting up a dialogue between several different eras and disciplines, the work was designed in tandem with, and thanks to, the contribution of several artists. A composition in four parts, around a central and essential architectural space: *a Roof for Silence.*

This nomadic and itinerant work of architecture will first be anchored in Venice, for the duration of a Biennale, in the magical space of the Magazzini del Sale, which exhibits and is itself exhibited.

A 'revelationary' installation, as is only right and proper.

BIENVENUE À VENISE
GREETINGS FROM VENICE

Roberto Cicutto
Président de La Biennale di Venezia
President of La Biennale di Venezia

Très chère architecte Hala Wardé,
Cher commissaire général Jad Tabet,

Je souhaite vous adresser mes salutations ainsi qu'à tous ceux qui ont œuvré pour faire en sorte que le Pavillon libanais puisse nous accueillir à la 17e Exposition internationale d'architecture, organisée par votre concitoyen Hashim Sarkis.

Je suis heureux d'être avec vous aujourd'hui alors que vous présentez votre travail remarquable, à l'image de votre pays qui a réagi de manière extraordinaire aux défis les plus féroces du monde contemporain et qui, en dépit des récents évènements atroces qui ont conduit à la mort et à la destruction dans la splendide ville de Beyrouth, et de la pandémie qui s'est répandue à travers le monde, sera présent et participera à cette Biennale qui s'ouvre avec une année de retard, mais répond avec force à la question « Comment allons-nous vivre ensemble ? ».

Je suis fasciné par le projet de Hala Wardé pour de nombreuses raisons : parce qu'il commence par le silence et le vide et encourage le dialogue entre les différents langages de l'art, nous invitant à nous asseoir sur les racines des oliviers, symbole universel de la résistance, de la paix, de la contemplation et de la congrégation.

Bienvenue à tous à Venise.

Dearest Architect Hala Wardé,
Dear General Commissioner Jan Tabet,

I wish to send my regards to you and all those who have worked to make it possible for the Lebanese Pavilion to welcome us at the 17th International Architecture Exhibition curated by your fellow citizen Hashim Sarkis.

I am pleased to be with you today as you present your remarkable work, just as remarkable as your country, which has reacted in an extraordinary manner to the fiercest challenges of the contemporary world, and which despite the latest atrocious events which led to death and destruction in the splendid city of Beirut, and the pandemic which has spread across the world, will be present and a protagonist in this Biennale which opens a year late, but responds forcefully to the question "How will we live together?".

I am fascinated by Hala Wardé's project for many reasons: because it begins with silence and the void and fosters a dialogue between the different languages of art, inviting us to sit on the roots of olive trees, the universal symbol of resistance, peace, contemplation and congregation.

Welcome all to Venice.

CONFÉRENCE DE PRESSE DU PAVILLON LIBANAIS À LA BIENNALE ARCHITETTURA 2021. LE 16 MARS 2021.
PRESS CONFERENCE LEBANESE PAVILION AT BIENNALE ARCHITETTURA 2021. MARCH 16, 2021.

نصّ المؤتمر الصّحفي
كلمة السّفير اللّبناني في فرنسا،
رامي عدوان

إنّه من دواعي سروري ولَشرفٌ لي أن أشارك في الجناح اللّبناني في المعرض العالمي السّابع عشر للعمارة - بينالي البندقيّة الّذي تُحييه المُهندسة المعماريّة هلا ورده والّذي أسمته، بمهارةٍ، *A Roof for Silence*، (سقفٌ للصمت).
وقد أرادت هلا ورده هذا الصّمت بمثابة علامةٍ في خضمّ مكانٍ صاخبٍ. ونعيشه نحن أيضًا كفترة راحةٍ ولحظة تأمّلٍ لأمواتنا ومفقودينا أجمعين الّذين قضوا، على وجه الخصوص، في الرّابع من شهر آب الماضي جرّاء المأساة الّتي عصفت بالعاصمة بيروت وهزّت مرفأها.
ويجسّد مشروع *A Roof for Silence*، الأملَ الّذي يرفع راية الجناح اللّبناني في البندقيّة. ويعكس هذا المشروع صورة لبنان ودبلوماسيّته، كما يعكس صورة قيمنا وآمالنا. ويعبّر عن تشبّثنا بتقاليدنا وظمأنا للانفتاح على العالم. فمن هذا المنطلق، يُجيب مشروع *A Roof for Silence* بفطنةٍ وإبداعٍ على السّؤال الجوهري الّذي يهزّ كيان الإنسانيّة والّذي يفرض جبروته في لبنان الغني بتعدّديّته وتنوّعه.
فيردّ مشروع *A Roof for Silence* بطريقته الخاصّة على سؤال «كيف سنعيش سويًّا؟»
سنعيش سويًّا من خلال العمارة، عبر عنصرها التّراثي التّقليدي وعبقريّتها الحديثة في آنٍ واحدٍ. سنعيش من خلال عمارةٍ يكرّمها الجناح اللّبناني بواسطة الفنون وتداخل فروع المعرفة، جامعًا الشّعر والتّصوير الفوتوغرافي والتّصوير التّشكيلي والهندسة بطبيعة الحال؛ من خلال عمارةٍ تستوحي لبنان ودبلوماسيّته، وتؤسّس على أرض التّقاليد قاعدةً من المبادئ والقيم، وتتصرّف في العالم وكأنّها عنصر انسجام وسلامٍ.
سنعيش سويًّا في كنف طبيعةٍ مَحميّةٍ وحاميةٍ، طبيعةٍ صلبةٍ وقويّةٍ وحاضنةٍ، على غرار شجرة الزّيتون بألف لمعانٍ ولمعان الّتي تشكّل عنصر المشروع الجوهري. فإنّ شجرة الزّيتون، هذه الشّجرة الأسطوريّة رمز السّخاء والمشاركة، تطبع بَصمتها في بيئتها من دون أن تغيّره. وتشغل مكانًا لكنّها لا تحتلّه. وتدعو إلى اندماج الحواسّ كافّةً. وتُضفي شجرة الزّيتون الّتي بلغ العمر منها آلاف السّنين روحًا فريدةً من نوعها على الجمال الأخّاذ الّذي يتمتّع به بلد الأرز، وتبثّ فيه نفسًا خاصًّا. كما تذكّر بالأسس الإنسانيّة الّتي يقوم عليها بلدنا.
سنعيش سويًّا من خلال البناء والتّشييد والمُضيّ قُدمًا. سنعيش سويًّا في أحضان لبنان، في هذا البلد الّذي يعد بالحداثة وبغدٍ أفضلَ. سنعيش سويًّا بهذه الإرادة الّتي تدفعنا إلى الإنجاز والتّقدّم، بدعم فنّانينا ونسائنا والجالية اللّبنانية في الخارج. وقد أصبح هذا الوعد وهذا التّحدّي أمرين ممكنين بفضل إصرار هلا ورده ومثابرتها.
واليوم سوف نتناول ما سيتسنّى لكم أن تمتّعوا نظركم به بين 22 أيار و21 تشرين الثاني في الجناح اللّبناني في المعرض العالمي السّابع عشر للعمارة - بينالي البندقية.

MOT D'INTRODUCTION
A FEW WORDS

Rami Adwan

Ambassadeur du Liban en France
Lebanese Ambassador to France

C'est à la fois un bonheur et un honneur que d'être associé au Pavillon libanais de la 17ᵉ Exposition internationale d'architecture — La Biennale di Venezia —, confié cette année à l'architecte Hala Wardé et qu'elle a savamment intitulé *A Roof for Silence*.

Le silence ; Hala Wardé l'a voulu comme marqueur dans un espace tumultueux. Nous le vivons également comme une pause, une halte, un temps de recueillement pour tous nos morts et nos disparus, tombés notamment le 4 août dernier au cours de cette tragédie qui a frappé Beyrouth et secoué son port.

A Roof for Silence est l'incarnation de l'espérance battant pavillon libanais à Venise. *A Roof for Silence* est à l'image du Liban et de sa diplomatie. Il est le reflet de nos valeurs et de nos espoirs. Il exprime notre enracinement dans nos traditions et notre soif d'ouverture sur le monde. *A Roof for Silence* répond en cela, avec brio et créativité, à la question centrale qui bouscule l'humanité et qui se pose avec acuité au Liban, pays riche de son pluralisme et de sa diversité.

« Comment vivrons-nous ensemble ? » *A Roof for Silence* apporte son lot d'éclaircissements.

Nous vivrons ensemble par l'architecture, à la fois dans sa composante patrimoniale traditionnelle et par son génie modernisateur. Une architecture que le Pavillon du Liban met à l'honneur par le truchement des arts et le croisement des

It's a delight and an honor to be associated to the Lebanese pavilion of the 17th International Architectural Exhibition — La Biennale di Venezia —, curated this year by Hala Wardé, that she wisely named *A Roof for Silence*.

Silence is, for Hala Wardé, like a marker in a tumultuous space. We too consider it as a pause, a halt, a time of meditation for our lost ones, fallen notably last 4th of august, during the tragedy that devastated Beirut and its port.

A Roof for Silence embodies hope at the Lebanese pavilion. It is like Lebanon and its diplomacy, a symbol of our values and our hopes. It expresses our traditions and our thirst for opening to the world. *A Roof for Silence* therefore answers, with brio and creativity, the key question which shakes humanity, the question which Lebanon raises efficiently, as a country nurtured by its pluralism and its diversity.

"How will we live together"? *A Roof for Silence* brings its enlightenments to the debate.

We will together through architecture, both in its patrimonial dimension and its modernizing genius. An architecture celebrated by the Lebanese Pavilion through arts in all its forms, mixing poetry with photography, video art, painting and, of course, architecture. An architecture that inspires Lebanon and its diplomacy, digging into its traditions a common ground of principles and values, and acting on the world as a tool of concord and peace.

disciplines, conjuguant la poésie, la photographie, l'art vidéo, la peinture et, bien entendu, l'architecture. Une architecture qui inspire le Liban et sa diplomatie, puisant dans les traditions un socle de principes et de valeurs, et agissant dans le monde comme un élément de concorde et de paix.

Nous vivrons ensemble dans une nature protégée et protectrice, solide, robuste et nourricière, tel l'olivier aux milles éclats, qui est l'élément central du projet. L'olivier, arbre mythique, symbole de générosité et de partage, imprime sa marque sans dénaturer son environnement. L'olivier occupe l'espace sans l'envahir. Il appelle à la fusion de tous les sens. Au pays connu pour ses cèdres, l'olivier millénaire vient ajouter à la beauté singulière du Liban, une âme unique et un souffle particulier. Il rappelle les fondements humanistes de notre pays.

Nous vivrons ensemble en bâtissant, en construisant, en allant de l'avant. Nous vivrons ensemble au Liban cette promesse de modernité, d'un lendemain meilleur. Et, portés par nos artistes, par nos femmes et par notre diaspora, nous vivrons ensemble cette volonté de créer et d'avancer. Cette promesse, ce défi, ce miracle est devenu possible grâce à la ténacité et à l'obstination de Hala Wardé.

We will live together in a protected and protective nature, strong, robust, nurturing, as the scintillating olive tree, the central element of Hala Wardé's project. A symbol of generosity and sharing, the mythical olive tree makes it mark without marring its environment. It occupies space without invading it. It calls for the melting of all the senses. To our country, known for its cedars, the millennial olive tree adds Lebanon's singular beauty, a unique soul and a particular breath. It recalls the humanist principles that are at the foundation of our country.

We will live together by building, constructing, going forward. We will live together, in Lebanon, this pledge of modernity, of a better tomorrow. Uplifted by our artists, our women, our diaspora, we will live together this willingness to create and to move on. This pledge, this challenge, this miracle became possible thanks to Hala Wardé, her tenacity, her obstinacy.

CONFÉRENCE DE PRESSE DU PAVILLON LIBANAIS À LA BIENNALE ARCHITETTURA 2021. LE 16 MARS 2021.
PRESS CONFERENCE LEBANESE PAVILION AT BIENNALE ARCHITETTURA 2021. MARCH 16, 2021.

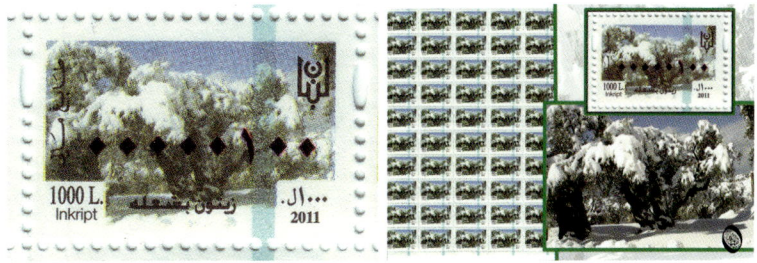

TIMBRES DE LA POSTE DU LIBAN POSTAGE STAMPS OF LEBANON 2011

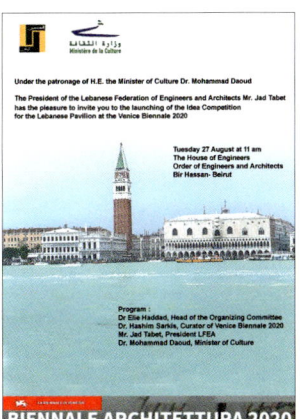

AFFICHE DU CONCOURS COMPETITION POSTER

UN LONG PARCOURS
A LONG JOURNEY

Jad Tabet

Commissaire général du Pavillon libanais
General Commisioner of the Lebanese Pavilion

Le Pavillon libanais à la Biennale d'architecture de Venise 2021 est l'aboutissement d'un long parcours, marqué par le paradoxe et l'incertitude. Au point que je peux dire, sans rien exagérer, que c'est un véritable miracle que nous soyons arrivés là où nous nous trouvons aujourd'hui.

Tout a commencé au mois d'août 2019, lorsque j'ai rencontré le ministre libanais de la Culture, pour lui proposer de mettre en place un système pérenne et transparent pour l'organisation de la participation libanaise à la Biennale d'architecture de Venise. Le Liban avait déjà participé pour la première fois à cette Biennale en 2018, mais cette participation avait été le fruit d'une initiative individuelle. En ma qualité de président de l'ordre des ingénieurs et architectes, je me suis trouvé nommé d'office commissaire du Pavillon libanais, avec la responsabilité d'organiser la procédure de sélection du projet qui représentera le Liban à la Biennale et de mettre en place la logistique correspondante.

Le 27 août 2019 a ainsi été lancé, à l'ordre des ingénieurs et architectes de Beyrouth, un concours d'idées pour la sélection du projet, en présence du curateur de la Biennale, Hashim Sarkis. Après examen des 32 projets présentés, le jury en a sélectionné 10 au premier tour en demandant aux équipes sélectionnées de présenter leur proposition lors d'une audition publique. Ce processus a été couronné le 16 octobre 2019 par le choix du projet présenté par l'architecte Hala Wardé, *Un Toit pour le Silence*.

The Lebanese Pavilion at the 21st Venice Biennale of Architecture is the completion of a long journey, notably marked by paradox and uncertainty. Hence, I can say, without exaggerating: it's a real miracle that we came so far, to where we are today.

Everything started in August 2019, when I met with the Lebanese Ministry of Culture, to suggest that we set up a lasting and transparent system of organization for the Lebanon entry to the Venice Biennale of Architecture. Lebanon had already participated for the first time to this Biennale in 2018, but this first act was the result of an individual initiative. As president of the Order of Engineers and Architects (Beirut), I was nominated curator of the Lebanese Pavilion, with the tasks of organizing the selection process for the project to represent Lebanon at the Biennale and setting up the logistic.

On August 27th 2019, a competition of ideas was launched at the Order of Engineers and Architects office in Beirut, in the presence of Biennale curator Hashim Sarkis, to elect the project. After examining the 32 presented projects, the jury selected 10 of them for the first round, asking selected teams to present their proposals during a public hearing. This process was topped on October 16, 2019, when Hala Wardé's project *A Roof for Silence* was selected.

On October 17th, tens of thousands of Lebanese people were in the streets of Beirut to denounce the mismanagement

Le 17 octobre 2019, des dizaines de milliers de Libanais descendaient dans les rues de la capitale pour dénoncer l'incurie de la classe politique libanaise, annonçant ainsi le début d'une crise qui mènera le pays au bord du gouffre. Avec le soulèvement de la jeunesse libanaise, qui va s'étendre à l'ensemble du pays, le thème de la Biennale, *How will we live together* (Comment vivrons-nous ensemble ?), prenait un sens nouveau. La métaphore du toit qui abrite tout le monde, tout en évitant que l'expression de la pluralité des appartenances ne se termine en cacophonie, cette métaphore devenait encore plus pertinente. Mais la crise dans laquelle a été plongé le pays, avec le contrôle des capitaux et les contraintes imposées aux retraits dans les banques, rendait la réalisation du projet tout à fait aléatoire.

L'arrivée de la pandémie va encore compliquer les choses et le report de l'inauguration de la Biennale jusqu'au mois d'août 2020, puis jusqu'au mois de mai 2021, ajoutera à cette situation difficile une grande incertitude sur la faisabilité du projet. Puis la terrible explosion du 4 août 2020 qui a dévasté la capitale libanaise a failli y mettre un terme définitif. Il a fallu l'incroyable énergie de Hala Wardé, sa ténacité sans faille et son obstination à continuer envers et contre tout pour que l'on voie aujourd'hui aboutir un projet auquel peu de monde croyait encore.

Lors de l'une de nos discussions à Paris, au mois de novembre dernier, lorsque je demandais à Hala si ça valait encore la peine de faire tant d'efforts, elle m'a répondu : « Abandonner aujourd'hui, ce serait trahir la jeunesse libanaise qui s'est mobilisée pour aider à la réhabilitation des quartiers dévastés par l'explosion et pour apporter son appui à la population sinistrée. Face à la tragédie qui nous a frappés, laissant derrière elle des centaines de morts et de disparus, des milliers de blessés et des dizaines de milliers de personnes déplacées, il nous faut absolument revendiquer le droit au silence et au recueillement sous un toit protecteur. »

En tant que commissaire du Pavillon libanais à la Biennale d'architecture de Venise 2021, je remercie Hala pour son engagement et sa détermination et vous invite tous à découvrir ce lieu magique aux Magazzini del Sale.

of the Lebanese political class, announcing the beginning of a crisis that led the country to the brink of disaster. With the uprising of Lebanese youth, which spread across the country, the theme of the Biennale *How will we live together* took on a new meaning. The metaphor of the roof that shelters everyone, while avoiding that the expression of the plurality of belonging ends in cacophony, this metaphor became even more relevant. But the crisis in which the country was plunged, with the control of capital and the constraints imposed on withdrawals from banks, made the realization of the project quite random.

The arrival of the pandemic further complicated matters and the postponement of the inauguration of the Biennale until August 2020, then until May 2021 added to this difficult situation a great uncertainty on the feasibility of the project. Then the terrible explosion of August 4th that devastated the Lebanese capital almost put a definitive end to it. It took the incredible energy of Hala Wardé, her unwavering tenacity and her stubbornness to continue against everything, for this project that few people believed in to succeed.

In one of our discussions in Paris last November, when I asked Hala if it was still worth the effort, she said: "To give up today would be to betray the Lebanese youth, who mobilized to help rehabilitate the neighborhoods devastated by the explosion and to support the affected population. In the face of the tragedy that has struck us, leaving behind hundreds of dead and missing, thousands injured and tens of thousands displaced, we must absolutely demand the right to silence and recollection under a protective roof."

As curator of the Lebanese Pavilion at the 2021 Venice Architecture Biennale, I thank Hala for her commitment and determination and invite you all to discover this magical place at the Magazzini del Sale.

EMPREINTE : DÉFLAGRATION DU PORT DE BEYROUTH, 4 AOÛT 2020 FOOTPRINT: BEIRUT HARBOUR EXPLOSION, AUGUST 4, 2020

LA GENÈSE
- -
THE GENESIS

Pourquoi ne pas penser les lieux par rapport à leur potentiel de vide plutôt que de plein ?
Comment lutter contre la peur du vide en architecture ?
Comment imaginer des formes qui génèrent des lieux de silence et de recueillement ?
Comment créer des espaces sensibles de rencontres et de dialogue ?
Comment concevoir des lieux qui créent de l'émotion et l'envie d'y rester ?

Virilio, penseur de la vitesse, évoquait le vide comme profondeur du temps.
Il l'a exprimé à travers ses peintures *Antiformes*, où il peignait le vide entre les objets.
Un jeu sur l'espace et la matière absente, qui nous mène évidemment à l'espace architectural.

Nous allons ancrer ce projet dans la nécessité du vide,
et de la vie qui peut l'habiter comme un silence

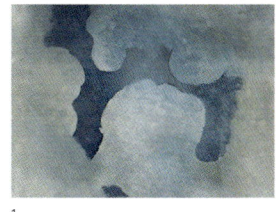

1

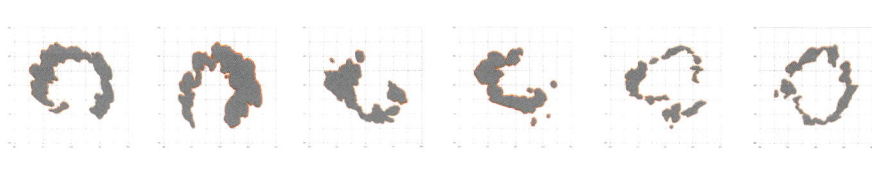

2

Why not think about places in relation to their potential
as empty space/voids rather than as full space/solids?
How can we fight fear of emptiness in architecture?
How can we imagine forms that generate places of silence and contemplation?
How can we create sensitive spaces where people can meet and talk?
How can we design places that create emotion and a desire to linger?

Virilio, thinker of speed, saw emptiness as the depth of time.
He expressed it through his *Antiform* paintings, in which he painted the empty space between objects.
A play on space and absent matter, which obviously leads us to architectural space.

We will base this project on the need for empty space,
and for the life that might inhabit it as a form of silence.

1. ANTIFORME ANTIFORM PAUL VIRILIO
2. COUPES PHOTOGRAMMÉTRIQUES D'UN TRONC D'OLIVIER PHOTOGRAMETRIC SECTIONS OF AN OLIVE TREE TRUNK

L'ŒUVRE
THE ARTWORK
Les 16 toiles d'Etel Adnan
The 16 paintings by Etel Adnan

A Roof For Silence est conçu à partir d'une œuvre de la poète Etel Adnan, un ensemble de toiles intitulé *Olivéa : hommage à la déesse de l'olivier*. Ces 16 peintures réalisées par l'artiste sur un format rond et inédit pour elle — le tondo — forment un cycle et sont indissociables les unes des autres. Chaque peinture est comme une strophe lumineuse et colorée d'un poème, fait aussi des blancs et des vides entre les mots, les couleurs et les formes qui les irradient. Ces toiles nous ont inspiré le projet de les installer dans un petit bâtiment, également silencieux, protégé par un toit semi-sphérique et baigné de lumière. Un lieu d'émotion et de dépaysement, en rapport avec le calme perdu des cloîtres et des cours intérieures.

A Roof for Silence is designed around a work by the poet and artist Etel Adnan, a set of sixteen canvases entitled *Olivéa : hommage à la déesse de l'olivier*. These 16 paintings, inseparable one from another, are done using a format – the tondo – that form a cycle, something like a single poem. Each painting is like a luminous vivid verse of a poem that's also made up of the blanks and spaces between the words-colors-shapes that irradiate them. These canvases inspired the project of housing them in a small building; equally silent, bathed in light. A sanctuary offering a change of scene, contemplation and emotion, recalling the lost tranquillity of cloisters and courtyards.

LE MYTHE
THE MYTH
Les 16 oliviers millénaires du Liban
The 16 millenial olive trees of Lebanon

1
2
3

Dans l'arrière-pays du Liban, 16 oliviers millénaires dressent de larges troncs noués. D'énormes grottes creusées en leur cœur abritent différentes espèces. Cet ensemble vivant est le temple d'un temps hors du temps. La légende raconte que ces oliviers seraient contemporains de l'Arche de Noé et que le rameau dans le bec de la colombe qui annonça la fin du Déluge — symbole universel de la paix — aurait été pris à l'un d'entre eux. De ces masses de bois solitaires, solidaires, se dégage un sentiment d'humanité et de nudité aussi fort qu'inexplicable. Lieu de recueillement par excellence, ces espaces de vide et de calme au creux des oliviers sont aussi un lieu de rassemblement où se réunissent les paysans depuis des générations pour y décider des affaires du village ou y célébrer des noces.

In the hinterland of Lebanon, 16 ancient olive trees erect enormous twisted trunks. Enormous caves carved out of their cores provide shelter for different living species. This living complex is the temple of a time out of time. Legend has it that these 16 olive trees are contemporaries of Noah's Ark and that the olive branch which, in the beak of the dove, announces the end of the Flood - a universal sign of peace - is said to have been taken from one of them. From these solitary, solidary bodies, there emanates a feeling of humanity and of nakedness as strong as it is inexplicable. The inhabitants of the village, in love with this natural treasure, consider the spaces of emptiness and calm within the olive trees as spaces of gathering and have, since generations, assembled together within them to discuss affairs of the village or to celebrate marriages.

1. ANONYME, LA DÉESSE MINERVE AVEC BRANCHE D'OLIVIER ANONYMOUS, THE GODDESS MINERVA WITH AN OLIVE BRANCH
2. PABLO PICASSO, VISAGE DE LA PAIX VIII FACE OF PEACE VIII, 1950
3. OLIVIERS DE BCHAALEH BCHAALEH OLIVE TREES, 2019

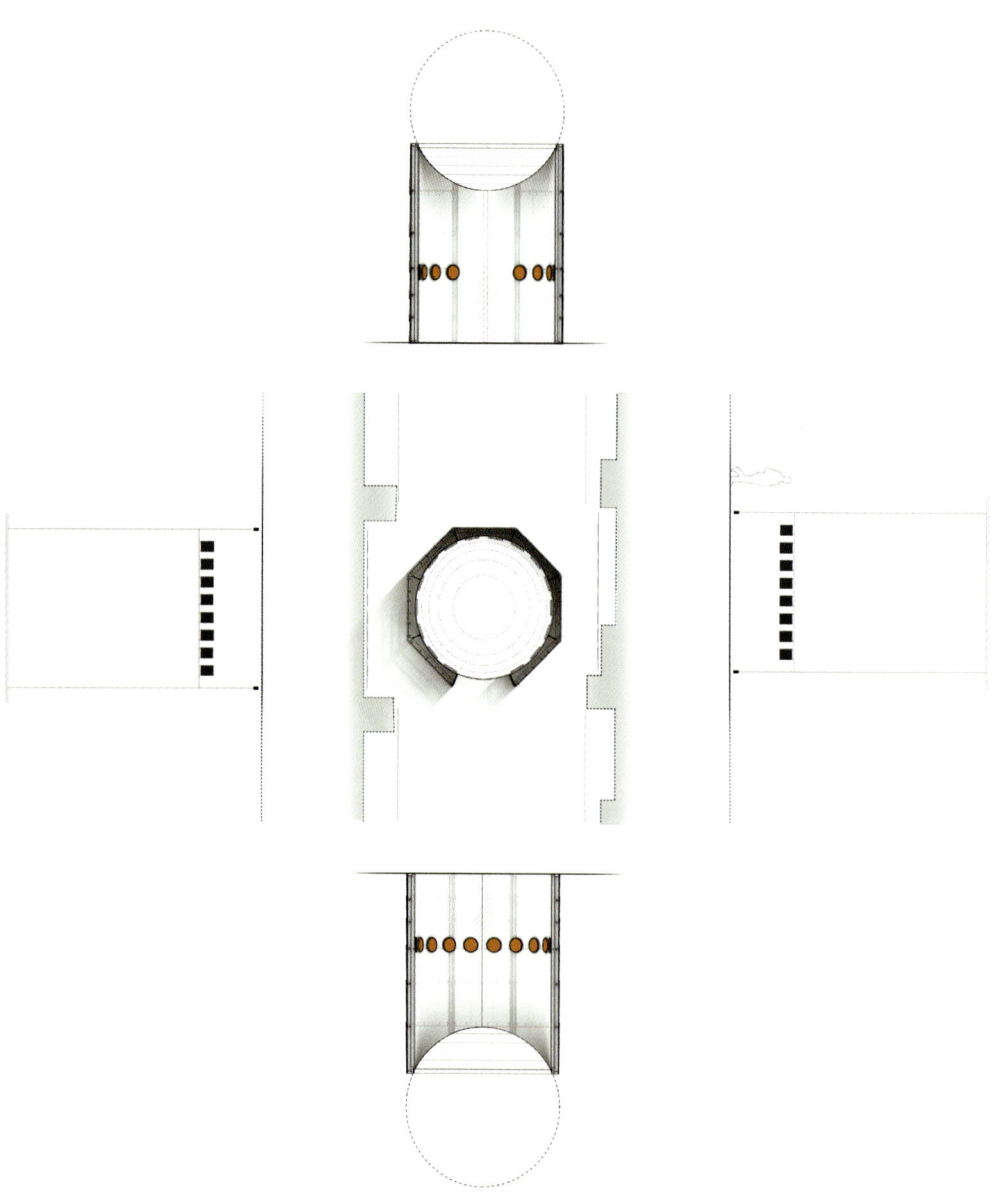

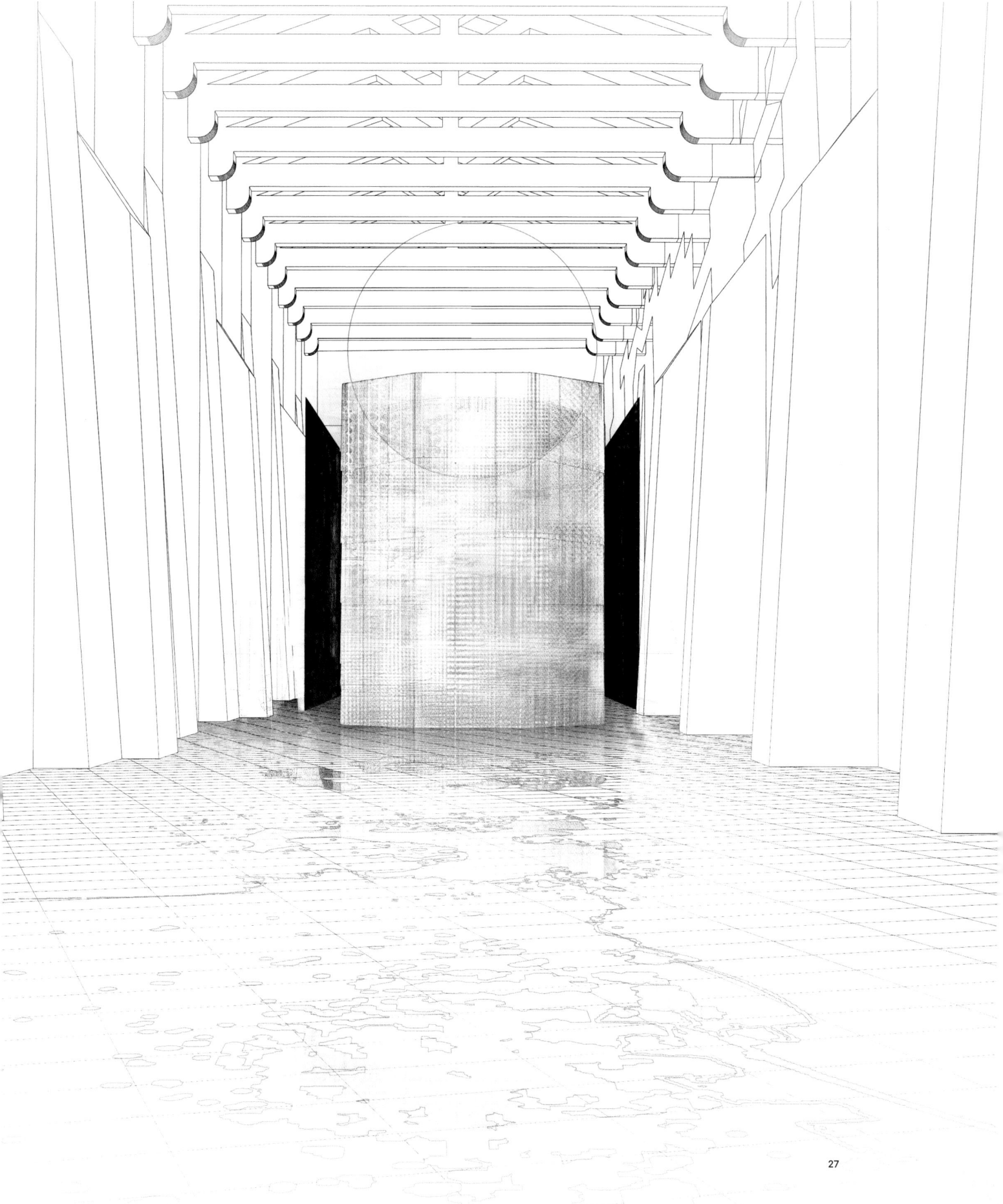

ACHEMINEMENT VERS LE SILENCE
PATHWAY TO SILENCE
Hala Wardé & Yves Michaud

YM : Quel est le point de départ de ce projet ? Est-ce que c'est parti de Paul Virilio dont vous montrerez les peintures *Antiformes* ?

HW : Virilio était dans mon esprit bien avant le projet. Ayant été son élève, j'ai été plongée dans son enseignement, puis dans ses questions, en particulier sur la notion de vide, dont j'avais parlé avec lui quelques mois avant sa disparition. Virilio est toujours dans mon esprit quand je pense à un projet. Mais, pour être précise, ce projet est d'abord parti de la rencontre avec cette œuvre d'Etel Adnan, la série de peintures *Hommage à la déesse de l'olivier*. J'avais toujours eu envie de réfléchir à ce que peut être une architecture conçue à partir d'une œuvre artistique, comme Philip Johnson le fit avec sa chapelle Rothko. À quoi pourrait ressembler une architecture qui partirait de cette série, qui m'avait touchée non pas comme une œuvre « ordinaire », mais comme un poème en peinture ?

La première chose qui m'a frappée, c'est la cohérence des toiles et leur absence de limite… J'ai immédiatement pensé à une forme géométrique fermée, qui permettrait de voir l'œuvre dans un même champ de vision, sans déplacement. Ce qui m'a intéressée, c'est la question du cycle, de la révolution, au sens astronomique. Les toiles sont au nombre de seize, et peuvent être regardées indifféremment les unes à côté des autres, l'important étant l'ensemble, cohérent dans chacune de ses combinaisons. Comme un poème de seize strophes qu'on pourrait lire dans n'importe quel ordre, qui garderait son rythme intérieur et sa cohérence. J'ai donc imaginé une forme géométrique simple, octogonale, qui correspondait logiquement et parfaitement au nombre de toiles (8 murs pour 16 toiles). L'espace fonctionne, évidemment, à condition d'être fermé. Je reviens sur la question de la linéarité, que je cherchais à abolir. Se pose alors le problème de l'accès. Si on veut garder la forme parfaite, on ne peut pas

YM: What's the starting point of this project? Did it start with Paul Virilio, whose *Antiform* paintings you'll be showing?

HW: Virilio was on my mind well before the project. Having been a student of his, I was immersed in his teaching, then in his questions, in particular about the notion of emptiness, which I'd talked with him about a few months before his death. Virilio is always on my mind when I'm thinking about a project. But, to be more precise, the project started with an encounter with this artwork of Etel Adnan's, her series of paintings called *Hommage à la déesse de l'olivier*. I'd always wanted to explore what a structure could be if it was designed around an artist's œuvre, like the Rothko Chapel with Philip Johnson. What could a structure look like, based on this series, which had moved me emotionally, not like an ordinary artwork but like a poem in paint.

The first thing that struck me was the coherence of the pictures and their lack of a limit… I immediately thought of a closed geometric form that would allow you to see the work in the same field of vision, without having to move around. What interested me was the issue of a cycle, of a revolution, in the astronomical sense. There are sixteen paintings and they can be viewed equally well no matter what order they're hung in, in relation to each other, the important thing being the set as a whole, which is coherent in every one of its combinations. Like a poem of sixteen verses that could be read in any order, yet would keep its internal rhythm and coherence. And so I imagined a simple geometric form, an octagonal form, that corresponded logically and perfectly to the number of paintings (8 walls for 16 paintings). The space works, obviously, on condition of being closed. I revisit the question of linearity, which I was seeking to do away with. This is where the problem of access comes in. If you want to keep the perfect form, you can't put in a door. The only way to get

mettre de porte. La seule façon de pénétrer l'espace serait donc par son centre. J'ai commencé par faire un trou dans le sol. S'est immédiatement posée la question de la lumière, et naturellement, j'ai fait un trou dans le plafond, lumière zénithale oblige. C'est resté un bâtiment utopique, au sens où il n'avait pas de lieu. Nous avons plusieurs fois évoqué ce sujet avec Etel Adnan, et je suis partie à la recherche d'un lieu. Jusqu'au moment de la découverte des oliviers millénaires du Liban, une coïncidence inouïe : ils étaient 16, comme le nombre de toiles. Ça a été le déclencheur du projet de la Biennale d'architecture de Venise. Aussi, en réfléchissant à l'architecture conçue à partir de ces oliviers, très vite, j'ai orienté mes réflexions sur la rencontre d'un visiteur avec une œuvre d'art, avec ce que j'estime être absolument nécessaire pour un promeneur qui va à la rencontre de l'art, comme à partir du seuil d'un musée vers une exposition, et inversement, sa transition avec le dehors. Cette œuvre d'Etel Adnan est donc à la fois le point de départ de ma réflexion et le point ultime vers lequel va tendre mon projet.

YM : Vous voulez parler du cheminement et de l'acheminement vers l'œuvre ?

HW : En tant qu'architecte, le sujet de l'accès et de la rencontre avec l'œuvre d'art me préoccupe depuis toujours. Cela se pose à l'échelle de la ville, d'un musée en général, et de son parcours extérieur et intérieur. Comment concevoir et mettre en œuvre des dispositifs, urbains ou architecturaux, qui vont permettre la « mise en condition » du promeneur / visiteur qui va voir une sculpture ou un tableau ? En revenant à ce vide dont je redis la nécessité et qui est quelque part aussi au fondement de toute démarche à la fois urbaine et architecturale. Quand il nous est donné un sujet dans une ville ou sur un terrain, plutôt que de penser à la densité maximale qu'on peut construire, comme tout promoteur nous y pousse naturellement, j'ai tendance à inverser la question et imaginer quel est le plus grand « vide », entre guillemets, qu'on peut y trouver ou y former. Cela ne veut pas dire qu'on densifie moins, mais l'architecture doit se développer à partir de ça.

YM : En général, le vide est plutôt entre des constructions densifiées.

HW : Oui, mais ce sont des espaces résiduels qui ne sont pas a priori pensés. À la limite, qu'ils ne soient pas pensés ce n'est pas important, mais il faudrait qu'ils soient ressentis

into the space would then be through the centre. I started by making a hole in the floor. The question of lighting then cropped up immediately and, naturally, I made a hole in the ceiling, overhead lighting being compulsory. It was still a utopian building in the sense that it didn't have a site. We brought the subject up several times with Etel Adnan, and I went off in search of a site. But then I discovered the ancient olive trees of Lebanon, an unheard-of coincidence: there were sixteen of them, the same as the number of paintings. That was the trigger for this project for the Venice Biennale of Architecture.
Also, thinking about designing a structure based on these olive trees, I very swiftly directed my thoughts to a visitor's encounter with a work of art, with what I deem to be absolutely essential for anyone walking towards an encounter with art, starting out for instance at the threshold of a museum, going to an exhibition, and conversely, his or her transition to the outside world. This artwork of Etel Adnan's, then, is both the starting point of my thinking and the ultimate point my project will strive towards.

YM: Would you like to talk about the pathway and getting to the artwork?

HW: As an architect, I've always been concerned with the subject of access and how we encounter artworks. It's an issue that arises on a city scale, a museum scale, in general and in terms of the museum's external and internal circuits. How do we design and put in place urban and architectural systems that will allow the 'conditioning' of a visitor who's about to see a sculpture or a painting.
To get back to the empty space that I was saying was necessary, and which is somehow a basis of any approach that's both urban and architectural… When we're given a project in a city or on a parcel of land, rather than thinking about the maximum buildable density, as every developer naturally pushes us to do, I tend to turn the question round and imagine what is the biggest 'void', in inverted commas, we can find there or form there. That doesn't mean we opt for lower density, but the architecture needs to start from that.

YM: In general, a void happens more between hi-density constructions.

HW: Yes, but they're residual spaces that aren't necessarily thought-through. At the end of the day, it doesn't matter that they're not thought-through, but they need to be felt when

quand on les traverse comme une espèce de respiration et de bien-être.

YM : Pas comme les *no man's land* dans les banlieues, dans les cités...

HW : Dans le *no man's land*, on est perdu alors que dans un espace de respiration, on se retrouve en tant que personne, on retrouve ses esprits ; on sent que quelque chose arrive en nous et arrive dans ce qu'on va voir. On est déjà en train de se diriger quelque part.

Pour en revenir au projet et à ce que j'avais imaginé, ce lieu ultime serait là où l'œuvre allait être installée et où on allait enfin la rencontrer et éprouver certaines émotions.

YM : Ce que vous dites me fait penser au mausolée de Galla Placidia, à Ravenne, entièrement couvert de mosaïques, où l'on arrive en traversant un jardin calme.

HW : Je n'ai pas visité ce lieu, mais c'est ça... J'avais d'ailleurs fait, pour le projet du musée d'Art à Beyrouth, un jardin qu'on devait traverser pour arriver au bâtiment et qui faisait partie du musée. Comme une mise en condition. J'avais proposé l'installation d'une œuvre monumentale d'Etel — une céramique — sur la face extérieure du bâtiment donnant sur le jardin. La première œuvre du musée, en lien direct avec l'architecture.

YM : Revenons à Paul Virilio. Je ne connaissais pas ses peintures *Antiformes*. Ce sont des pièces qu'il a faites très tôt, à une époque où il n'était pas encore dans l'architecture...

HW : Il les a faites dans les années 60 et il réfléchissait déjà à ces notions d'entre-deux, d'espace marginal, de vide et d'absence, d'intervalles et de transparences. Cette idée de vide, qu'il définit comme une profondeur du temps, était déjà une pensée sur cette notion territoriale, urbaine qu'il allait développer plus tard. Ces peintures, effectivement, personne ne les connaît. J'ai revu Virilio quelques mois avant son décès en 2018, et il me les a montrées. On avait évoqué la possibilité de faire une exposition sur le vide à la Fondation Cartier, à Paris, le bâtiment « trans-apparent » de Jean Nouvel.

YM : Dans votre projet, il y a trois profondeurs du temps : la profondeur du temps des peintures d'Etel Adnan, la profondeur du temps des *Antiformes* de Virilio, et la profondeur du temps de ces oliviers millénaires.

you're walking through them as spaces for breathing and well-being.

YM: Not as no man's lands in the suburbs, in the city…

HW: In a no man's land, you feel lost, whereas in a breathing space, you get back in touch with yourself as a person, you get back to your senses; we feel something's happening in us and happening in what we're about to see. We're already heading somewhere.

Getting back to the project and what I'd imagined, the ultimate site would be wherever the artwork was going to be installed and wherever we were finally going to encounter it and feel certain emotions.

YM: What you're saying makes me think of Gallia Placida's mausoleum in Ravenna which is entirely covered in mosaics, and you get to it by crossing a quiet garden.

HW: I haven't visited the place… What's more, for the Beirut Museum of Art that I designed, I did a garden that you had to cross to reach the building and which was part of the museum. Like an essential conditioning phase. I proposed the installation of a monumental artwork on the exterior wall facing the garden. The first public artwork of the museum, in direct link with the architecture.

YM: Let's get back to Paul Virilio. I didn't know his antiform paintings. They're pieces he did very early on, at a time when he hadn't yet got into architecture…

HW: He did them in the '60s and he was already reflecting on the notions of an in-between space, of marginal space, empty space and absence, intervals and transparencies. This idea of emptiness, which he defines as a depth of time, was already a theory about the notion of a territory, of urban space that he was to develop later. No one, in actual fact, knew these paintings. I saw Virilio again a few months before he died in 2018, and he showed them to me. We brought up the possiblity of doing an exhibition on empty space at the Fondation Cartier in Paris, the 'trans-apparent' building designed by Jean Nouvel.

YM: In your project, there are three time depths: the time depth in Etel Adnan's paintings, the time depth in Virilio's *Antiforms*, and the time depth in the ancient olive trees.

HW: Absolutely. It's a project about the long term and about

HW : Absolument. C'est un projet sur le temps long et sur le temps court. J'en avais discuté avec mon amie Dominique Eddé, qui évoquait très justement ce temps des origines que l'on appelle le *Zaman* en arabe, par opposition au *Waqt* qui désigne le temps de la montre (une distinction qui n'existe pas dans les langues latines), et ces oliviers millénaires du Liban qui sont comme le temple d'un temps sorti du temps. La légende dit qu'ils sont contemporains de l'Arche de Noé. Le rameau d'olivier qui, dans le bec de la colombe, annonce la fin du Déluge, signe de la paix, aurait été pris à l'un d'entre eux. Lorsque je suis partie à leur rencontre, pour les voir et les observer, j'ai aussi découvert des formes extraordinaires. J'ai d'abord été frappée par les différents creux qu'ils développent dans leurs troncs et dans lesquels on peut rentrer physiquement, comme dans un refuge. Le plus large de ces oliviers a en son centre un creux d'à peu près 6 mètres de diamètre, qui invite les gens à s'y rassembler. Tout de suite, je me suis souvenue des *Antiformes* de Virilio, et cette idée de rendre visible l'invisible. En faisant des relevés de ces arbres avec un système de photogrammétrie (c'est-à-dire une sorte de scan où l'on voit des tranches des troncs coupés), est apparue une similitude assez frappante avec ce que Virilio montrait. L'idée m'est venue d'introduire cette question du vide et sa relation avec une architecture naturelle. Et pour ce qui est de la représentation à Venise, puisqu'il s'agit d'un pavillon national, s'opérait la rencontre entre deux figures importantes du passé et du présent. Les vieux oliviers, encore bien vivants, et la poétesse et artiste contemporaine Etel Adnan, en les liant par cette notion transversale du vide et du silence, dans l'architecture comme dans la poésie ou la peinture. J'ai demandé à Fouad Elkoury de photographier ces seize arbres, pour les présenter en lien avec les seize peintures. Ces tirages photographiques portent le témoignage de la rencontre entre le passé et le présent. Aussi, je présente une projection en triptyque : *Les oliviers, piliers du temps,* filmés par Alain Fleischer dans l'obscurité de la nuit avec, pour seule animation, une lumière mouvante qui les replace dans l'espace et le temps. Une expérience sensible et sonore en noir et blanc, avant la rencontre du visiteur avec l'œuvre en couleurs. Ce film sera accompagné d'une composition sonore, *Falling into time,* conçue spécialement pour ce projet par Soundwalk Collective.

short term. I discussed it with my friend Dominique Eddé, who evokes the time of the origins known as the *Zaman* in arabic, in contrast with the *Waqt*, which indicates time by the clock (a distinction that doesn't exist in Latin languages) and this living complex as the temple of a time out of time. According to the myth, the dove which announces to Noah on his Ark the end of the flood carries in it's beak, as a sign of peace, an olive branch that comes from one of the sixteens olives trees. When I set out to encounter these olive trees, to see them and observe them, I discovered the most amazing forms. I was struck first by the different hollows they develop in their trunks and that you can physically step into, as if into a refuge. The biggest of the olive trees has a hollow in its centre that's around 6 metres in diameter, which invites people to pile into it together. I instantly remembered Virilio's *Antiforms*, and that idea of making the invisible visible. While I was doing surveys of the trees with a system of photogrammetry (like scans where you see slices of the cut trunks) a fairly striking similarity appeared with what Virilio had shown. The idea came to me that I could introduce this issue of the void and its relationship to a natural architectural structure. And as far as the question of 'representation' in Venice goes, since it's all about a national pavilion, there was the meeting of two very strong figures from past and present: The ancient olive trees, still alive, and contemporary artist and poet, Etel Adnan, by linking them via this cross-cutting notion of void and silence, in architecture as well as in painting or poetry. I asked Fouad Elkoury to photograph the sixteen trees so we could present them in relation with the sixteen paintings. These photographic prints bear witness to the meeting of past and present.

I also present a triptych projection *The Olive trees, Pillars of time*, filmed by Alain Fleischer in the dark of night, with the only animation being a moving light that repositions them in space and time. A sensory and sound experience in black and white, before the visitor encounters the artwork in colour.

The film will be accompanied by *Falling into time*, a sound composition created especially for this piece by Soundwalk Collective.

YM: So?

HW: It's like a little architecture manifesto. So I introduce the pavilion with Virilio's paintings, and set them up, almost

YM : Et alors ?

HW : C'est comme un petit manifeste d'architecture. Je vais donc introduire le pavillon avec les toiles de Virilio, et les mettre en regard, de façon presque scientifique, avec les arbres. Puis concevoir un cheminement qui tend vers la pièce où se trouve l'œuvre, le poème-en-peinture d'Etel Adnan. C'est une progression, une mise en espace en trois séquences, avec une échelle très précise, mathématique, qui pourrait s'adapter à différents lieux. À Venise, on a trouvé un lieu formidable, un peu particulier puisqu'il fait 5 mètres de large sur 55 mètres de long : les anciens Magasins de Sel, sur les Zattere. Cet espace permet justement de mettre en tension, de donner une nouvelle respiration à cette installation, tout en préservant sa propre échelle.

Pour revenir à mon rôle d'architecte et, dans le cas de Venise, de curateur — parce que c'est un rôle complémentaire — il s'agit de révéler. Virilio disait : « l'exposition, c'est un art révélationnaire ». Mon rôle, c'est ça, mettre en regard des choses pour créer à la fois une intelligence, un étonnement et, enfin, une émotion pure. Ce sont des fragments d'images, de mots, de sensations qu'on doit créer. Comment créer ces sensations ? Par la lumière, par le son, par une mise en espace. Il y a une tension à créer, avec cet objet central, le sanctuaire où se trouve l'œuvre par rapport à un espace très long. Je crée donc une tension spatiale où la lumière va jouer un rôle très important. Le son aussi. Quand on pense aux oliviers, on pense à la lumière argentée sur les oliviers ; Etel Adnan en parle. C'est une lumière changeante, une couleur qui se perçoit différemment en fonction des lieux.

YM : Ce que vous dites illustre très bien la naissance d'un projet architectural. Vous avez eu une émotion à partir des peintures d'Etel Adnan, puis il y a votre histoire avec Virilio, ensuite vous avez la terre libanaise et, petit à petit, toutes ces dimensions s'articulent pour donner un projet architectural. Enfin, à l'intérieur de ce projet, vous allez intégrer une multiplicité de déterminations que vous allez contrôler, agencer et doser, de manière à provoquer un certain type d'expérience.

HW : C'est ça.

YM : Je voudrais maintenant vous poser une question sur l'agencement de ces moyens. Il y aura le son, la scientifically, opposite the trees. Then design a path that veers towards the room where the artwork is, Etel Adnan's poem-in-paint. It's a progression, a spatial arrangement in three sequences with a very precise, mathematical scale, that could be adapted to several sites. In Venice, we found a wonderful place that's a bit peculiar as it is 5 metres wide and 55 metres long: the former salt docks, on the Zatterre. This space actually allows us to create an atmosphere, to breathe new life into the installation, while preserving its own scale.

Getting back to my role as architect, and, in the case of Venice, as curator — because that's a complementary role — it's all about revealing. Virilio used to say: 'an exhibition is a revelationary art'. My role is just that, to bring things together so as to create both understanding and amazement and, finally, pure emotion. What we need to create are fragments of images, of words, of sensations. How do we create sensations? Through light, through sound, through the spatial arrangement. Tension has to be created, with this central object, the sanctuary in which the artwork is to be found in relation to a very long space. So, then, I create a spatial tension where light will play a very important role. Sound, too. When you think of olive trees, you think of the silvery light on olive trees — Etel Adnan talks about this. It's a shifting light, a colour that looks different depending on the different sites.

YM: What you're saying illustrates very clearly how an architectural project arises. You felt an emotion based on Etel Adnan's paintings, then there's your history with Virilio, then after that you have the land of Lebanon, and gradually all these dimensions come together to provide an architectural project. Then, into that project, you'll incorporate a whole host of decisions that you'll supervise, link and pace, in such a way that it provides a certain kind of experience.

HW: That's right.

YM: I'd like now to ask you a question about the means. There'll be the sound, the video, the still images, the paintings... You're overseeing something very multimedia and also immersive.

HW: Yes, but the means must disappear in favour of the emotion. The images need to pop up in a completely magical way. There's the ultimate artwork, that's Etel Adnan's poem-painting. Virilio's Antiforms— they're not only paintings,

vidéo, les images fixes, la peinture… Vous contrôlez quelque chose de très multimédia et immersif.
HW : Effectivement, il y a beaucoup de moyens, mais ils doivent disparaître au profit de l'émotion. Les images doivent arriver de façon magique. Il y a l'œuvre ultime : le poème-peinture d'Etel Adnan. Les *Antiformes* de Virilio, ce ne sont pas seulement des peintures, c'est au-delà de la peinture. Ce sont des univers picturaux par lesquels il développe une recherche en lien avec un questionnement théorique. En architecture en général, et dans le cas d'une exposition en particulier, on est un peu un chef d'orchestre avec divers instruments qu'il faut accorder et harmoniser.

YM : Vous avez parlé de pèlerinage, de seuil, de recueillement. Comment est-ce que vous vous situez par rapport à ces espaces vides que sont les espaces religieux ? C'est la religion de l'art ?
HW : L'émotion peut en effet être comparable à celle éprouvée dans des lieux spirituels, de culte. Quand je parle de cloître ou de sanctuaire, c'est par rapport à leur archétype — les géométries et l'architecture qui créent des sensations profondes. Pour décrire la pièce qui abrite l'œuvre, je voulais éviter toute référence religieuse, même si ce sont souvent des chefs-d'œuvre d'architecture et de lumière. Je préfère un mot plus « laïc », mais qui évoque la notion de spirituel. J'ai nommé le projet *A Roof for Silence,* c'est comme une nouvelle forme de religion… D'ailleurs, c'est intéressant, Etel Adnan a nommé son œuvre *Hommage à la déesse de l'olivier*. J'aime beaucoup cette idée d'une déesse qui n'existe pas et qu'on invente, je trouve ça formidable. Ce pourrait être aussi un ange. J'aime les anges, comme Etel.

YM : Ce qui saisit également, dans cette pièce centrale, c'est le silence, le vide…
HW : Le vide, c'est la profondeur de l'espace, et du temps. On parle des deux à la fois. Ils sont associés. Et ce vide, qui est lié au silence dans le projet, est à la fois un lieu de contemplation et de rencontre. Un lieu où quelque chose devient possible, qui ne se fait pas naturellement, qui ne se fait pas n'importe où, mais qui permet de faire le vide en soi-même et de se retrouver dans une forme de recueillement, ou bien de rencontrer l'autre…

they're beyond paintings. They're pictorial worlds through which he develops a certain pursuit linked to a theoretical inquiry. In architecture in general, and in the case of an exhibition in particular, you're like a conductor with lots of instruments that have to be tuned and balanced.

YM: You've spoken about a pilgrimage, a threshhold, contemplation. Where do you stand in relation to these empty spaces that are religious spaces? Is this the religion of art?
HW: The emotion can in fact be compared to what you experience in spiritual places, places of worship. When I speak of a cloister or sanctuary, that's in relation to their archetypes – the geometries and the architecture that create profound sensations. To describe the space that houses the artwork, I wanted to avoid any religious reference, even if they're often masterpieces of architecture and light. I prefer a word that's more 'secular' but that still evokes the notion of the spiritual. I've called the project *A Roof for Silence*. How do we find a new form of religion… Anyway, it's interesting, Etel Adnan has called her work *Olivéa, hommage à la déesse de l'olivier*. I really love this idea of a goddess who doesn't exist and that you invent, I think that's wonderful. It could also be an angel. I love angels. Etel does, too.

YM: What is also striking, in this central room, is the silence, the emptiness…
HW: The void is space, it's time. We're talking about both at once. They're associated. And this void, which is linked to silence in the project, is both a place of contemplation and a meeting place. A place where something is possible, something that doesn't occur naturally, that doesn't occur just anywhere, but that allows us to find the emptiness within and to find oneself in a form of contemplation, or to encounter the other…

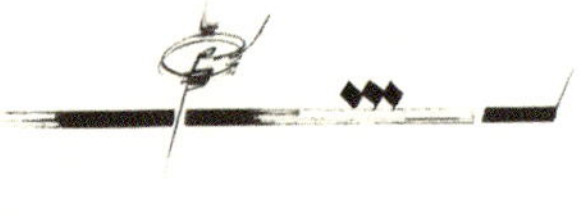

CALLIGRAPHIE
CALLIGRAPHY
Samir Sayegh

Dans le cadre de *A Roof for Silence*, le grand calligraphe libanais Samir Sayegh nous a proposé quelques lettres avec un toit. Elles abritent, comme le bâtiment, le silence, avec de l'encre et du papier.

As part of *A Roof for Silence*, the great Lebanese calligrapher Samir Sayegh offers us some letters with a roof. They shelter, like the building, the silence, with ink and paper.

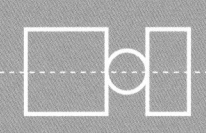

L'ŒUVRE
THE ARTWORK

Olivéa : hommage à la déesse de l'olivier   Olivea: tribute to the goddess of the olive tree

*« Il y a ce silence qui fait partie de l'esthétique des choses.
Par exemple, dans la peinture.
Ne peindre que des paysages induit du silence.
Et en poésie, le silence ce sont les espaces. »*

*« There is this silence that is part of the aesthetics of things.
For example, in painting.
To paint only landscapes implies silence.
And in poetry, silence takes the form of spaces. »*

*« Il y a des espaces qui sont des respirations.
Comme pour la vie des arbres,
on a parfois envie de mettre son oreille et de les écouter. »*

*« There are spaces like breaths.
As with the life of trees,
we sometimes feel like eavesdropping and listening to them. »*

« *Il y a des vides et du silence qui sont intégraux à la poésie,*
qui font partie de l'expérience poétique.
Le silence fait aussi partie de la musique,
parce qu'il pèse, il est évident, on l'entend.
J'allais dire "on le voit". »

« *There are voids and silences that are an integral part of poetry*
and thus part of the poetic experience.
Silence is also part of the music,
for it weighs, it is obvious, we hear it.
I was about to say "one sees it" ».

Olivéa

Une nouvelle déesse grecque vient de se dévoiler ;
la déesse Olivéa qui concerne spécifiquement les oliviers, ces arbres aux vertus multiples,
dont l'huile a servi au sacre de rois tout autant qu'elles ont formé
la base de la nourriture tout autour de la Méditerranée…
Si nous voulons sauver notre planète, la Terre,
nous devrions commencer par cet arbre bénéfique à la beauté magique.
C'est pourquoi j'ai choisi de leur consacrer une série de toiles,
nommées *Hommage à la déesse Olivéa*.

A new Greek goddess has just been revealed;
the goddess Olivéa who is specifically related to olive trees,
these trees with multiple virtues, whose oil was used for the coronation of kings
as well as for the basis of food all around the Mediterranean…
If we want to save our planet, Earth, we should start
with this beneficial and magically beautiful tree.
This is why I have chosen to dedicate a series of paintings to her,
called *Homage to the goddess Olivéa*.

EA

ETEL ADNAN
OLIVÉA : HOMMAGE À LA DÉESSE DE L'OLIVIER TRIBUTE TO THE GODDESS OF THE OLIVE TREE
HUILE SUR TOILE OIL ON CANVAS SÉRIE DE 16 PIÈCES SERIES OF 16 2018,
29,5 cm.

ATTRAPER LE TREMBLEMENT DE LA LUMIÈRE SUR CES FEUILLES GRISES
CAPTURING THE TREMBLING OF THE LIGHT ON THOSE GREY LEAVES

Etel Adnan & Yves Michaud

YM : Quand vous est venue l'idée des oliviers ?
EA : Vous m'avez souvent parlé d'Ibiza et de ses champs d'oliviers. Votre enthousiasme s'est, en quelque sorte, transféré chez moi. J'ai toujours aimé l'olivier, mais je n'y avais jamais pensé d'une façon soutenue. J'ai beaucoup parlé dans ma poésie des tilleuls de la rue Jacob, du jardin d'en face. Leurs brins rentraient par la fenêtre, au printemps, dans ma chambre à coucher. Les oliviers, ça n'avait jamais été aussi insistant. Mais je me suis rappelée de nos conversations à propos d'Ibiza, et ces oliviers ont commencé à me revenir en tête, c'est comme s'ils avaient débarqué chez moi. Dans une de nos conversations en particulier, vous m'aviez décrit comment le fait de rentrer pratiquement dans l'huile, dans le pressoir, était une expérience spéciale. Je l'ai moi-même sentie. Peu de temps après, j'ai reçu ces toiles qu'on appelle des tondos, qui sont rondes. J'étais un peu mal à l'aise d'abord, je n'étais pas habituée à travailler dans ce format-là. Et puis je me suis dit, tiens, je vais faire des arbres, parce qu'il faut que j'aie un sujet qui s'adapte à ce format. Et alors j'ai pensé aux oliviers.

Tout à coup, je me suis rendue compte que c'était un arbre sacré, un arbre très sec, qui produisait de l'huile. C'est quand même miraculeux de voir que cette huile sort d'une terre d'habitude sèche, l'olivier pousse au milieu des cailloux. Dans les villages libanais, les gens pauvres mangeaient du pain avec un peu d'huile d'olive. On frottait l'olive sur son pain.

YM: When did the idea of the olive trees come to you?
EA: You often talked to me about Ibiza and the fields of olive trees. And your enthusiasm was passed somehow on to me. I've always loved olive trees, but I'd never thought about them in a sustained way. I've talked a lot in my poetry about linden trees because I had them in the rue Jacob, in the garden opposite. Sprigs of linden blossom used to come through my window in spring, into my bedroom. Olive trees, on the other hand, that was never insistent. But I remember our conversations about Ibiza and these olive trees, it is as if they had landed at my place, and they started to pop back in my head. One of our conversations in particular, when you described for me how, in the olive press, you were practically in the oil, and how that was a special experience. I felt it myself. Soon after, i recieved some canvases that are known as tondos. They're round. I was a bit uncomfortable, not used to working in that format. I told myself : I'm going to do trees, because I have to have a subject that can be adapted to this format. And then I thought of olive trees.

All of a sudden I realized that the olive was a sacred tree, that it was a dry tree, that produces oil. It's pretty miraculous, after all, to see this oil coming out of land that's usually dry. An olive tree grows in the middle of stones. In Lebanese villages, poor people ate bread with a bit of olive oil… you rubbed the olive over your bread. It is also a medicine. In the villages, when you had a wound or sore, you'd put a bit of olive oil on it. Kings

C'est aussi un médicament, dans les villages, quand on avait des blessures, on mettait un peu d'huile d'olive. On sacrait même les rois avec un peu de cette huile. Je me demande si pour l'extrême-onction, le prêtre ne l'utilise pas également.

YM : Quels problèmes vous a posés la forme du tondo ?

EA : Je ne voulais pas que le travail fasse artificiel. Je ne voulais pas que le sujet cogne contre les bords. Ça m'a posé un problème parce que je n'aime pas les choses mal à l'aise, fausses. Là, je me suis dit, tiens, un arbre ça embrasse les bords. Ça résout un problème esthétique, en fait. Mais ça m'a obligée à les faire de mémoire. Je me suis souvenue de ce champ d'oliviers, à Delphes, il y a quinze ans. Pour aller à Delphes, il faut monter très haut, là où est vraiment la ville historique. De ce point, jusqu'à la mer, il n'y a que des oliviers, à perte de vue. Ce champ d'oliviers ressemble à la Méditerranée quand elle est argentée, à certaines heures du soir. C'est vraiment comme si la mer continuait jusqu'en haut. Il y a une magie propre à ces arbres, qui s'est ajoutée au site de Delphes. Les champs d'oliviers, les feuilles argentées de l'olivier.

YM : Dans certains de vos tableaux, il y a cette blancheur, ce gris, ce blanc. C'est ça que vous avez voulu attraper ?

EA : Oui, c'est ça que j'ai voulu attraper, un gris qui tremble. Hans-Ulrich Obrist a vu ces tableaux et m'a dit : « Il ne faut pas les séparer ». Et j'ai dit : « Non, je ne veux pas les séparer ». Il connaissait une île en Grèce : « Peut-être qu'on peut les donner quelque part à cette île », m'a-t-il dit. On en est restés là jusqu'au moment où Hala Wardé m'a parlé d'un champ, au nord de Beyrouth. Il y a un bosquet d'oliviers qui sont peut-être millénaires.

Elle m'a rapporté une histoire que les paysans racontent. Dans l'histoire de l'Arche de Noé, quand le Déluge s'est arrêté, un oiseau a ramené à Noé une branche d'olivier. Les paysans lui ont dit que Noé, qui s'appelle Nouh en Arabe, a pris une branche de ces oliviers. J'ai aimé cette légende, d'une naïveté attachante… Fouad Elkoury, qui est un bon photographe, a pris de très belles photos de ces oliviers. Il me les a montrées. Et Hala a dit : « Il faut faire quelque chose ». Elle m'a proposé de construire une pièce spéciale pour les exposer pour sa participation à la Biennale de Venise.

were crowned and anointed with a bit of this oil, too. I'm wondering if priests don't also use it for extreme unction.

YM: What problems did the tondo form pose for you?

EA: I didn't want the work to seem forced. I didn't want the subject to slam against the edges. It posed a problem for me because I don't like things that are strained, fake. And I said, take a tree, it hugs the edges. It resolves an aesthetic problem, in fact. But it meant I had to do them from memory. The place where I discovered how beautiful a field of olive trees can be was in Delphi, fifteen or so years ago. To get to Delphi you have to climb very high, up to where the historic city actually is. From that point right down to the Mediterranean, there's nothing but olives fields. This field looks like the Meditarranean when it's all silvery, at certain times of the evening. It really was as if the sea continued right up to the top. There's a magic peculiar to these trees, which added to the site of Delphi. The fields of olive trees, their silvery leaves.

YM: In some of your paintings, there's this whiteness, this grey, this white. Is that want you wanted to get?

EA: That's what I wanted to get, a grey that trembles. Hans-Ulrich Obrist saw these paintings and he said to me, 'They musn't be separated'. And I said, 'No, I don't want to separate them'. He knew a city in Greece, 'maybe we could give it to someone there, on this island', he suggested. We left it there, till the moment Hala Wardé told me about a field, an hour at most from Beirut. There's a copse of olive trees there that may be several thousands of years old. She told me a story that the peasants tell. In the story of Noah's Ark, when the flood stopped, a bird brought Noah an olive branch. The peasants told her that Noah, who's called Nouh in Arabic, took a branch from these olive trees. I loved that folk tale, which is endearingly naive… Fouad Elkoury, who's a good photographer, took some very beautiful photos of these olive trees. He showed them to me. And Hala said, 'We have to do something'. She proposed building a special room to show them in as her project for the Venice Biennale.

YM: What I really like is that the series has a kind of momentum. It's not a painting, plus a painting, then another painting, and yet another, up to sixteen…

EA: It's a series…

YM: A cycle, a poem?

EA: Yes, that's true, because I did them all in relation to

YM : Ce qui me plaît beaucoup, c'est que la série a une sorte d'élan. Ce n'est pas un tableau puis un tableau, un autre tableau, et encore un autre, jusqu'à seize...
EA : C'est une série...
YM : Un cycle, un poème ?
EA : Oui, c'est vrai, parce que je les ai tous faits par rapport à eux-mêmes, par rapport aux précédents. Il y avait un élan, je ne voulais pas m'arrêter. Quand je suis arrivé à seize, c'était assez. J'avais dit ce que j'avais à dire. Je voulais attraper le tremblement de la lumière sur ces feuilles grises, qui sont argentées. Ce n'est pas du gris, c'est de l'argent. C'est d'une beauté. Et ça frémit, c'est un arbre qui frémit. C'est merveilleux de voir un arbre qui bouge, parce qu'on ne pense pas au vent. On croit que cet arbre bouge de lui-même. J'ai remarqué ça avec les tilleuls. Quand je vais aux Deux Magots, je m'assieds du côté de l'Église. Il y a des arbres et tout à coup ils tremblent, et on a l'impression que ce sont des individus qui bougent. C'est très étrange. Les arbres sont comme ça, dans la nature, ils bougent à leur façon. Ils se renouvellent. C'est une forme de mouvement. Chaque année, leurs bourgeons, leurs branches repoussent et ils bougent de cette façon-là, ils tremblent. Quand ils tremblent, on a l'impression qu'ils ont une vie proche de la nôtre, que c'est une décision s'ils bougent. C'est très mystérieux, un arbre. Un arbre va mieux quand vous rentrez à la maison. Il sait qu'il y a des humains. Comme un chien est content quand on revient, les arbres aussi se portent mieux quand on revient. Quand vous retournez dans votre jardin, ils le savent. Les arbres vont mieux.
YM : Ce que j'ai beaucoup aimé, c'est ce cycle, comme un cycle de poèmes. Comme dans vos poèmes, vous écrivez quatre vers et puis il y a un blanc, trois autres vers et encore un blanc. Or vous faites ces petits tableaux du même format, avec ces blancs entre eux. Au bout de seize, ça fait un poème. Une sorte de poème peint.
EA : Oui. Il y a des espaces qui sont des respirations. Comme pour la vie des arbres, on a parfois envie de mettre son oreille, et de les écouter. Parmi les arbres, il y en a de plus mystérieux que d'autres. Par exemple, tous les arbres de Méditerranée, les figuiers, les vignes... Et les oliviers, leur côté argenté, sous certaines lumières, leur donne une autre dimension de vie. Au fond, quand ils tremblent comme ça, ils font des vagues. Les

each other, in relation to the previous ones. And there was a momentum, meaning that I didn't want to stop. And when I'd done the sixteen of them, I was done... I'd said what I had to say. I wanted to get the trembling of the light on those grey leaves, which are silvery. It's not a grey, it's silver. It's silvery. It's so beautiful. And it ripples. It's a tree that ripples. It's wonderful to see a tree moving, because you don't think of the wind. You feel like the tree's moving on its own. I've noticed that with linden trees. When I go to the Deux Magots, I sit on the church side. There are trees there and all of a sudden they tremble and you get the impression they're individuals, moving about. It's very strange. Trees are like that, in nature, in the wind. And they move in their own way... that is, they renew themselves. That's a form of movement. Every year, they regrow their buds and their branches again and they move that way, and they tremble. When they tremble, you get the impression they have a life that's very close to ours, that it's a decision if they move about. It's a very mysterious thing, a tree. A tree feels better when you get back home. It knows there are humans. Just as a dog is happy when we get home, trees feel better, too, when we get home. When you return to your garden, they know. Trees feel better.
YM: What I really loved, actually, is this cycle, like a cycle of poems. Just like in your poems, where you write four lines and then there's a blank, three more lines and another blank. And you make these small paintings in the same format with these blanks between them and at the end of sixteen, it makes a poem. A sort of painted poem.
EA: Yes, there are spaces that are breaths. As with the life of a tree, you sometimes feel like cocking your ear and listening to them. Among trees, some are more mysterious than others. For instance, in the Mediterranean, fig trees, grapevines... and olive trees, their silvery quality in certain lights gives them another dimension of life. They tremble like that and make waves. In America, the Redwoods – they really are red. And they've got growths that aren't diseases.
YM: Talk to me now about this goddess, Olivia.
EA: I said to myself, 'You need to invent a goddess, you need to mobilize people, you need to encourage olive cultivation, to extend it a bit in the Mediterranean'. It's a magic product, after all, the oil. That this tree, as dry as it is...

Redwoods aussi, en Amérique, ils sont vraiment rouges et ils ont ces excroissances, qui ne sont pas des maladies.

YM : Parlez-moi maintenant de cette déesse, Olivia.

EA : Je me suis dit : « Il faut inventer une déesse, il faut mobiliser les gens, il faut qu'on encourage la culture de l'olivier, l'étendre un peu en Méditerranée ». C'est quand même un produit magique, l'huile.

YM : Avec cette déesse, vous revenez à la mythologie, au polythéisme.

EA : Quand nous parlons du Christ qui est en même temps divin et en même temps humain, nous ne pensons pas que c'est exactement ce qu'on dit des dieux grecs. Quand j'ai lu *L'Iliade*, j'ai compris combien le divin se manifeste, se mêle dans la vie quotidienne des gens et s'en va. C'est fabuleux et c'est exactement ce que le christianisme dit. On ne se rend pas compte à quel point le christianisme a emprunté à la Grèce. Et il l'a fait consciemment.

YM : Le projet de Hala Wardé porte sur le vide et le silence. J'ai lu dans plusieurs de vos poèmes, l'importance que vous attachez aux fenêtres, aux portes. À un moment, vous dîtes même que les murs servent à porter les fenêtres.

EA : C'est vrai (rires). Quand je rentre dans une maison, je vais vers les fenêtres. Elles m'attirent. En Californie j'avais une baie vitrée ininterrompue et la montagne rentrait dedans. C'est mystérieux, c'est beau une fenêtre. Mais ça remonte aussi à mon enfance. Les fenêtres de la maison étaient de grandes fenêtres. Mon père avait loué une vieille maison libanaise, que les promoteurs ont détruite quand j'avais sept ans. C'était une de ces maisons qu'on appelait de style phénicien, aux fenêtres larges et hautes.

YM : Et le silence ?

EA : J'attribue le silence au monde islamique. Dans les familles musulmanes, on parlait moins que dans les autres familles. Il y avait plus de séparation entre les hommes et les femmes ; les hommes parlaient beaucoup moins que les femmes. Mon père, je ne l'entendais pas parler à la maison mais les femmes papotaient sans arrêt. Les Grecques surtout, les femmes grecques autour de ma mère. Mais les hommes ne bavardaient pas. Chez ma tante à Damas, du côté musulman de la famille, il y avait un grand silence à table. Dans la journée, il n'y avait pas de bruit dans les maisons. Que

YM: With your goddess, you've gone back to mythology, to polytheism.

EA : When we speak of Christ, who is both divine and human at the same time, we don't assume it's exactly what they say of the Greek gods. When I read The Iliad, I saw how much the divine manifests itself, joins in people's daily lives and then goes off. That's fabulous and it's exactly what Christianity says. We don't realised how much Christianity borrowed from Greece. And it did so consciously.

YM : Hala Wardé's project has to do with emptiness and silence. I've read in several of your poems about the importance you attach to windows, doors. At one point you even say that walls are just for bearing windows.

EA : It's true. (laughs) Whenever I go into a house, I go straight to the windows. They draw me. In California I had an uninterrupted bay window and the mountains would come inside. A window is mysterious, it's beautiful. But that also goes back to my childhood. The windows of the house were big windows. My father had rented an old Lebanese house that developers razed to the ground when I was seven. It was one of those houses that were said to be in the Phoenician style. The windows are wide and tall.

YM : What about silence?

EA : I attribute silence to the Islamic world. In Muslim families, people didn't talk as much as they did in other families. There was more separation between men and women and the men talked a lot less than the women. My father – I never heard him talk at home, but the women nattered away non-stop. Especially the Greeks, the Greek women around my mother, the visits, the chattering. But the men didn't chatter. At my aunty's place in Damascus, on the Muslim side of the family, there was a great silence at table, during the day, there wasn't a sound in the houses. The fact that my father was silent struck me very early in life. As I was an only child, my mother would send me out to play, as they used to say. Well, the brothers and male relatives of my little female friends didn't talk nearly as much. I think there's a silence that's cultural.

There's also the silence that's part of the aesthetics of things. For instance, in painting. Painting only landscapes induces silence. Portraits don't suggest silence. And in poetry, silence comes from the spaces around the words.

mon père ait été si silencieux m'a frappée très tôt dans ma vie. Comme j'étais enfant unique, ma mère m'envoyait jouer, comme on disait. Eh bien, les frères et les parents masculins de ces petites amies ne parlaient pas autant. Je crois qu'il y a un silence culturel. Il y a aussi ce silence, qui fait partie de l'esthétique des choses. Par exemple, dans la peinture. Ne peindre que des paysages induit du silence. Le portrait ne suggère pas le silence. Et en poésie, le silence ce sont les espaces.

YM : Dans votre poésie, les mots sont des sortes de fusées, ou des bouquets de fusées, avec du vide et des silences entre eux…

EA : Oui, il y a des vides et du silence qui sont intégraux à la poésie, qui font partie de l'expérience poétique. Le silence fait aussi partie de la musique, parce qu'il pèse, il est évident, on l'entend. J'allais dire « on le voit ».

YM : In your poetry, words are firecrackers of sorts, or grand finales of firecrackers, with empty space and silences between them…

EA : Yes, there are empty spaces and silences that are integral to poetry, that are part of the aesthetic experience. Silence is also part of music, because it has weight, it's obvious, you can hear it. I was going to say 'you can see it'.

L'ARCHITECTURE
THE ARCHITECTURE

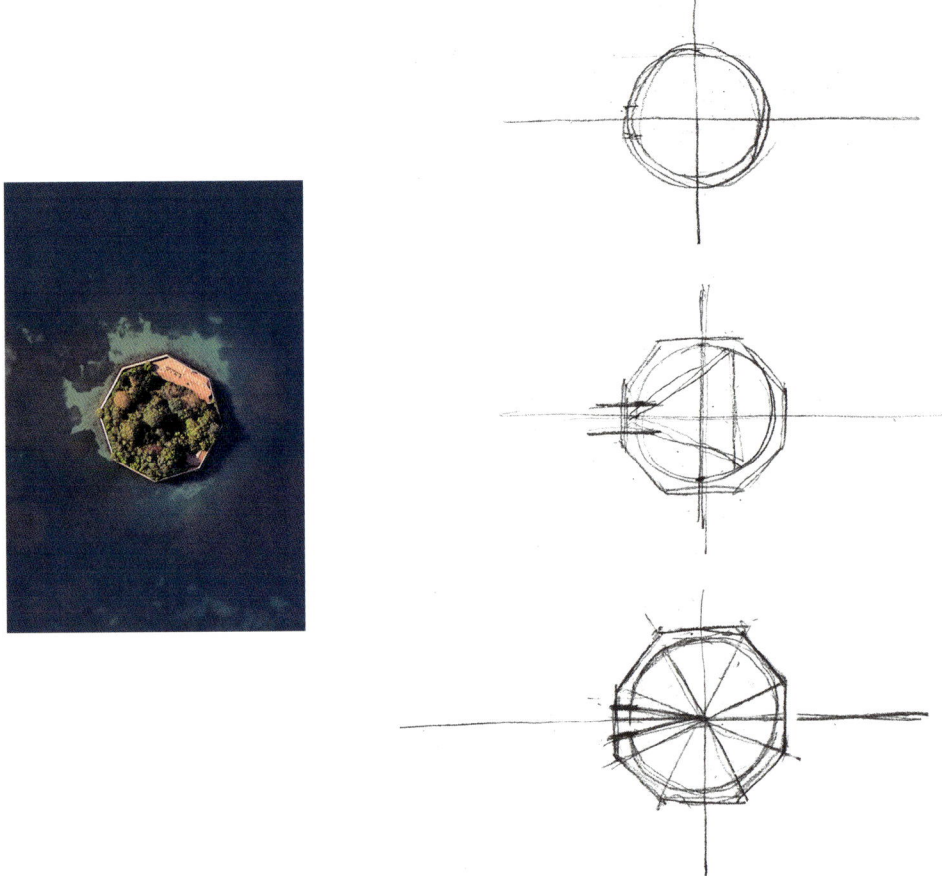

ÎLE ALBERINO DANS LE LAGON VÉNITIEN ALBERINO ISLAND IN THE VENETIAN LAGOON

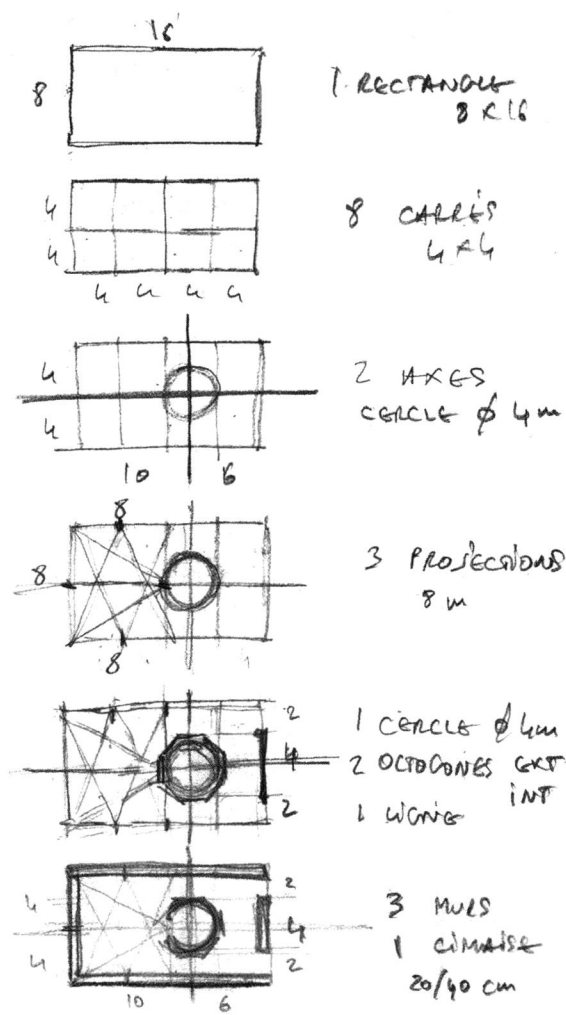

CALLIGRAPHIE DE SAMIR SAYEGH SAMIR SAYEGH CALLIGRAPHY *NOUR 'ALA NOUR*, 1996, 19 cm

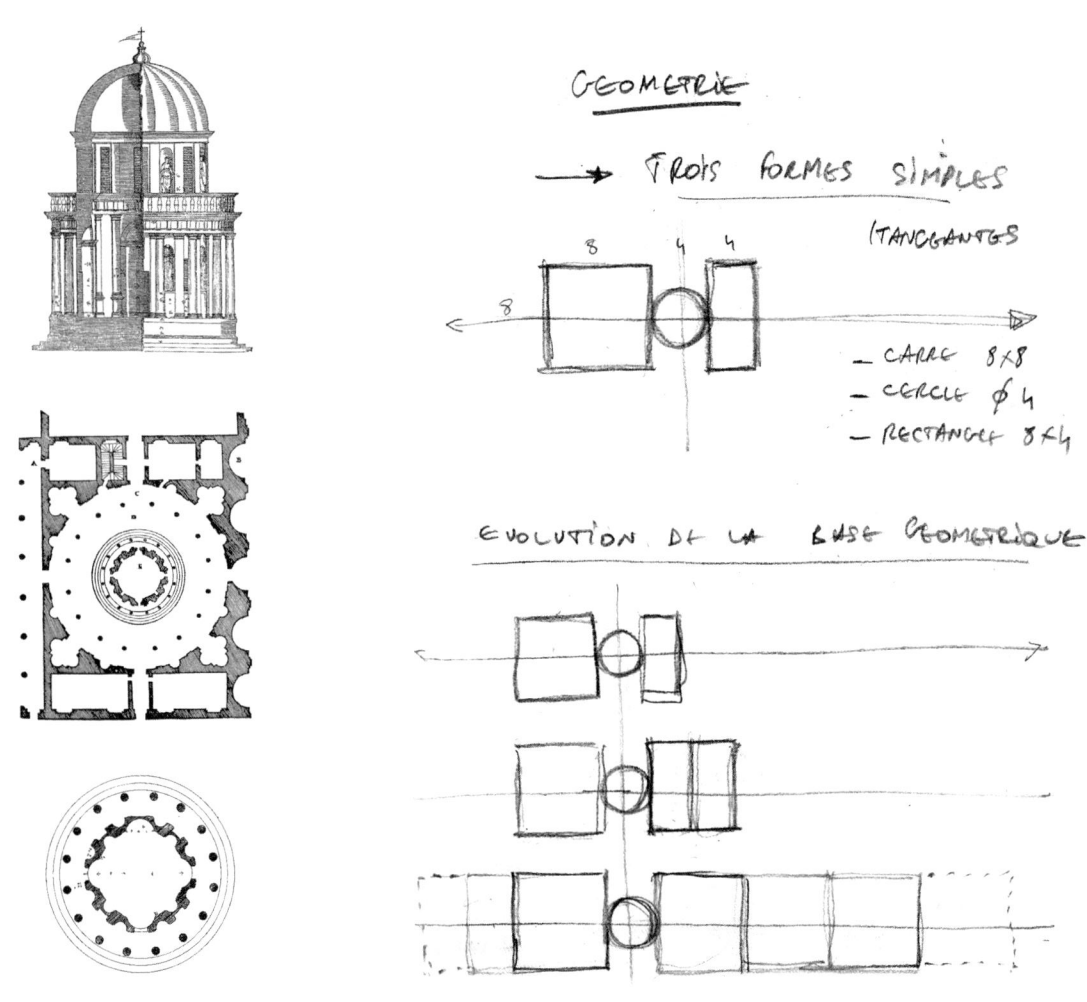

BRAMANTE, TEMPIETTO, C. 1502

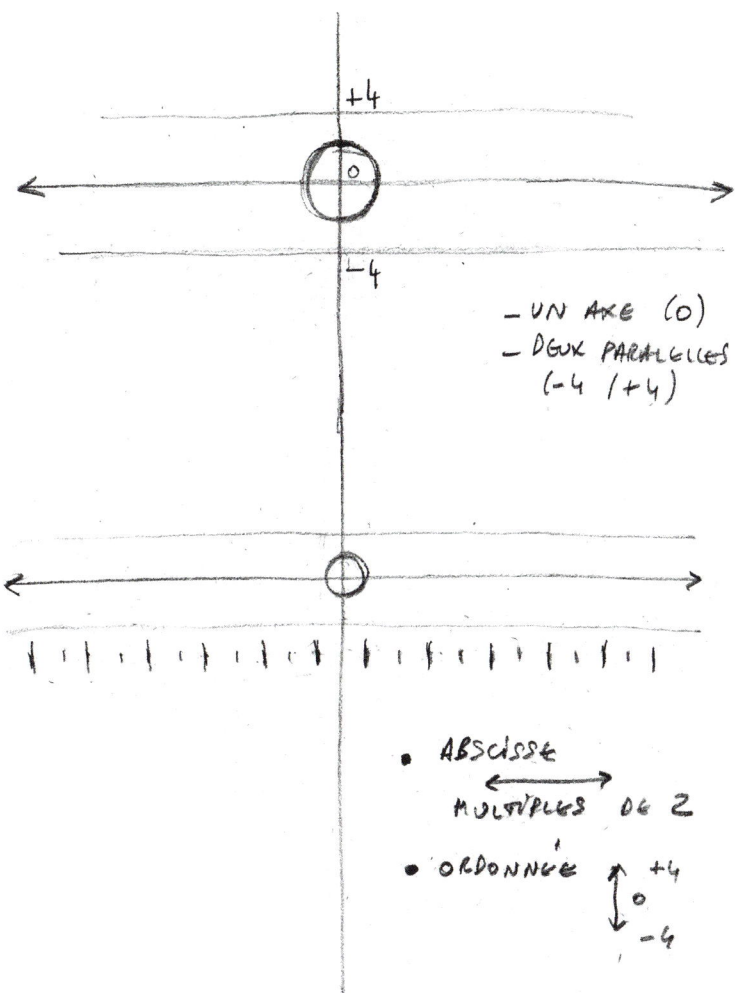
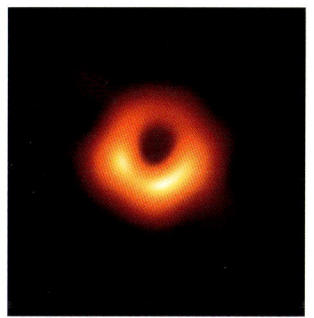

TROU NOIR DE L'UNIVERS « GW190521 » UNIVERSE GW190521 BLACK HOLE

RÈGLES DE FORMATION, CROQUIS PRÉLIMINAIRES PRELIMINARY SKETCHES

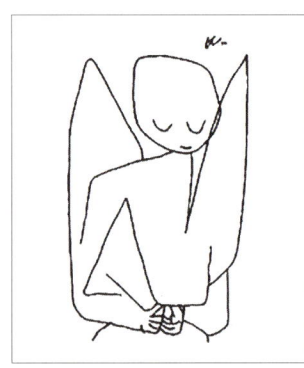

PAUL KLEE, *VERGESSLICHER ENGEL (ANGE OUBLIEUX) (FORGETFUL ANGEL)*, 1939
BOMBARDEMENT BOMBING, NANTES, 1943
JOHN ADAMS, *I WAS LOOKING AT THE CEILING AND THEN I SAW THE SKY*, 1995

ALBERTO GIACOMETTI, *L'OBJET INVISIBLE* THE INVISIBLE OBJECT, 1934-1935, PLÂTRE PLASTER, 153 x 32 x 29 cm, FONDATION GIACOMETTI

RÈGLES DE FORMATION, CROQUIS PRÉLIMINAIRES PRELIMINARY SKETCHES

SAM FRANCIS, *SANS TITRE* UNTITLED, ACRYLIQUE SUR TOILE, 1969, 200x351 cm.

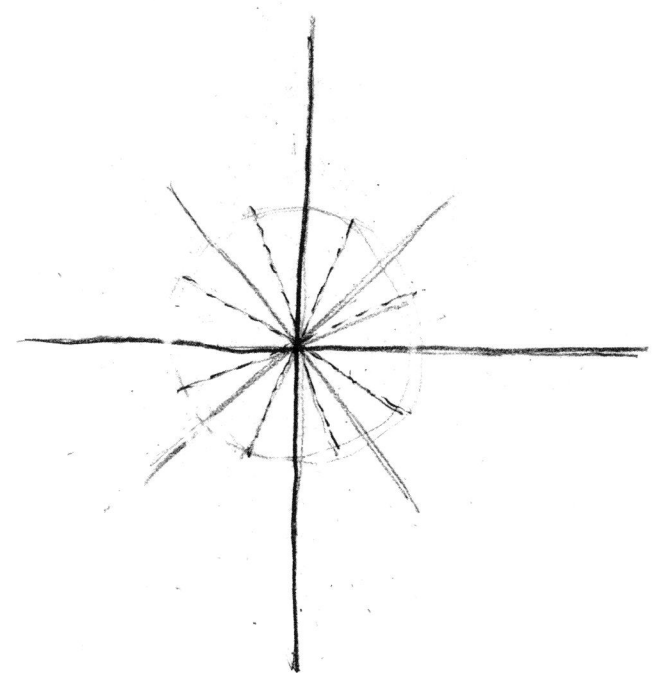

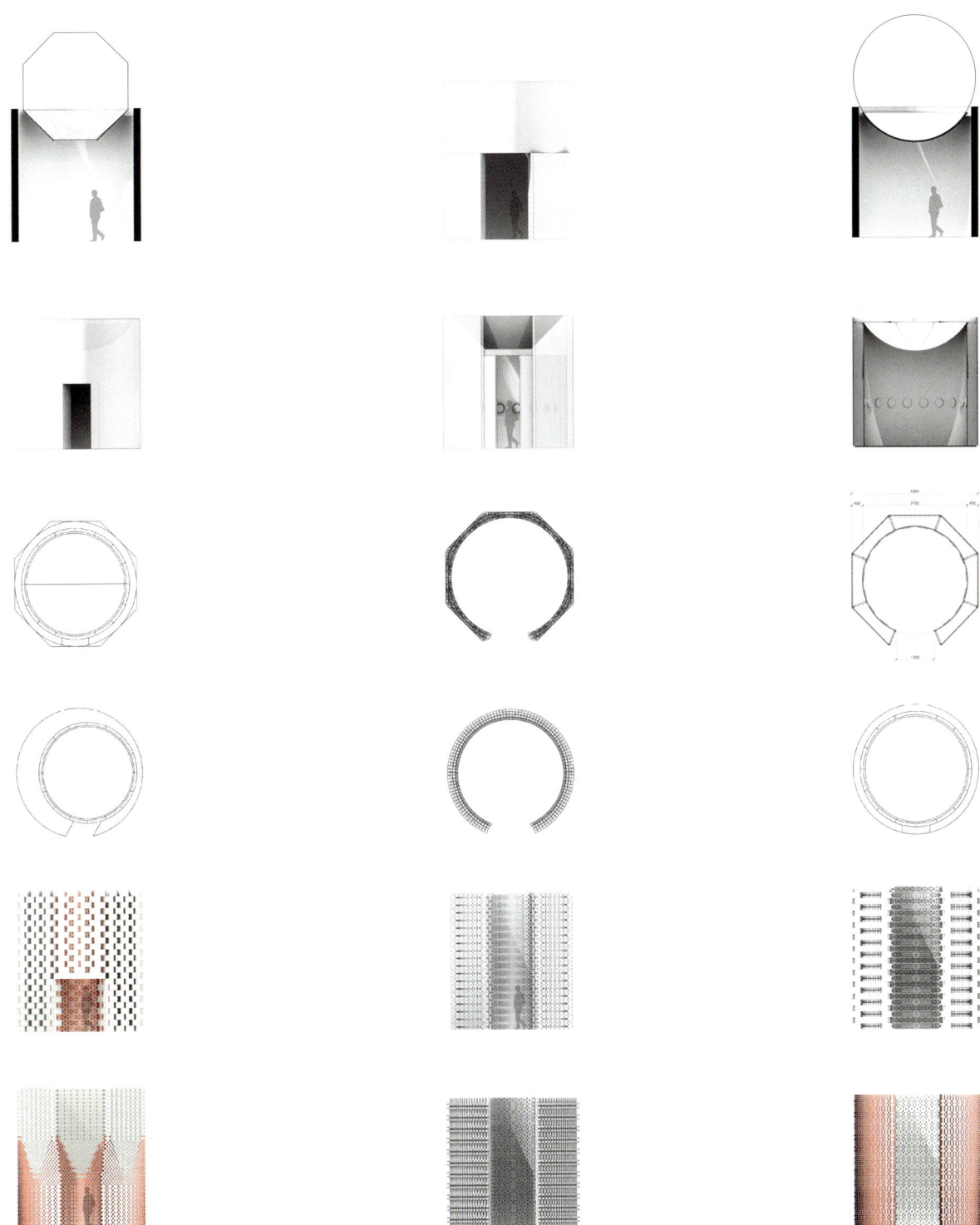

EXPLORATIONS DE FORMES ET DE MATIÈRES EXPLORATION OF FORMS AND MATERIALS

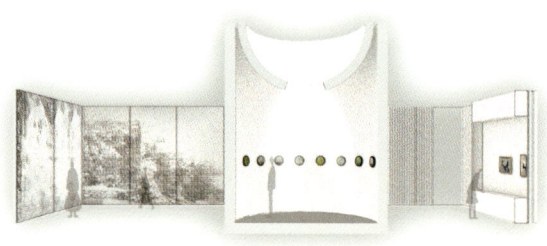

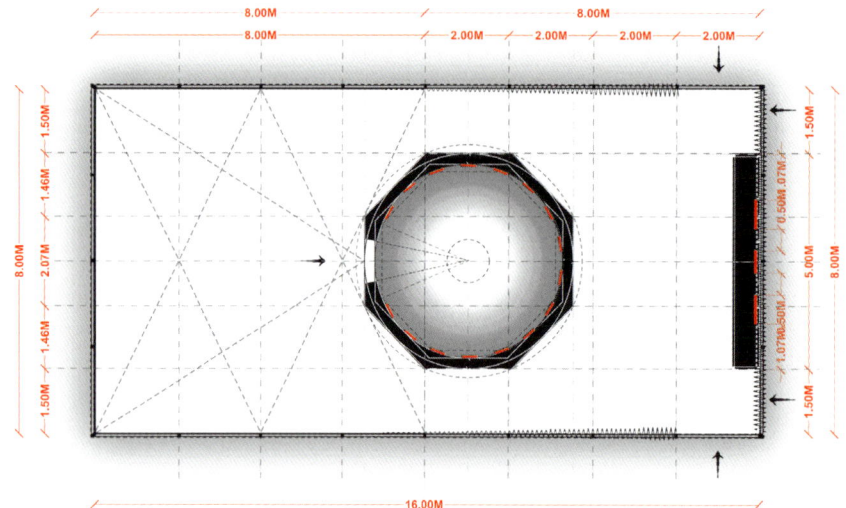

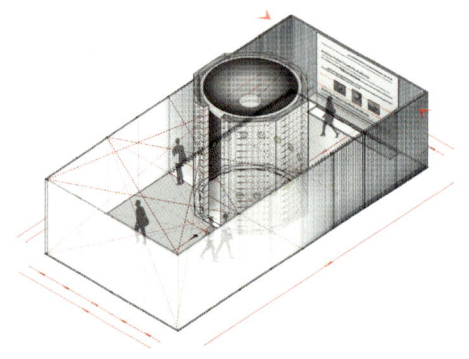

ESQUISSE DU CONCOURS D'ARCHITECTURE ARCHITECTURAL COMPETITION SKETCH

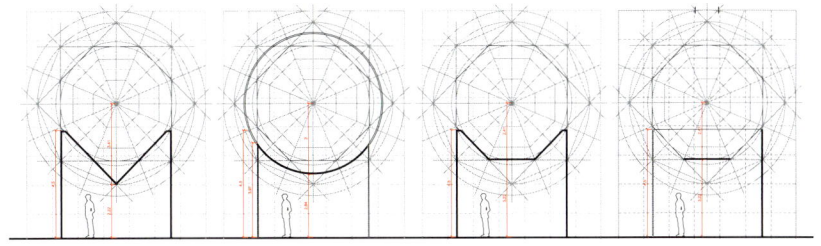

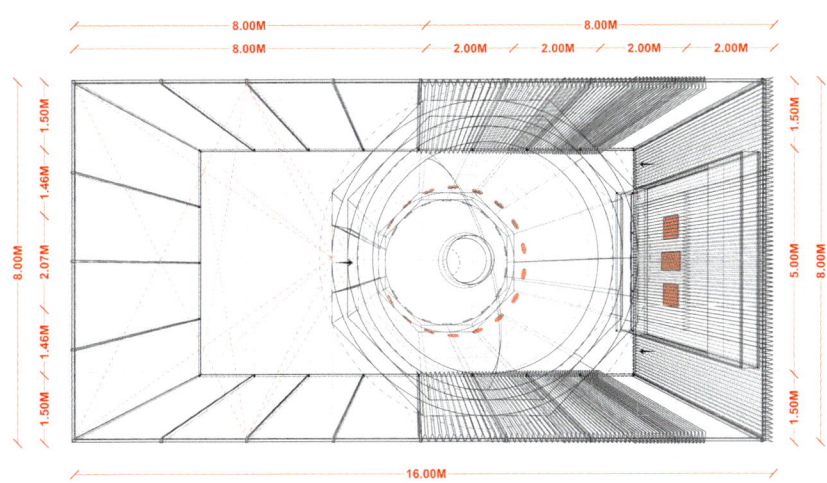

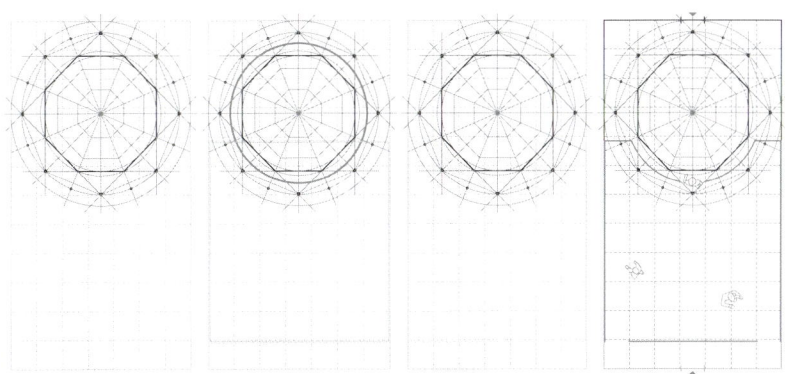

EXPLORATIONS GÉOMETRIQUES GEOMETRIC EXPLORATIONS

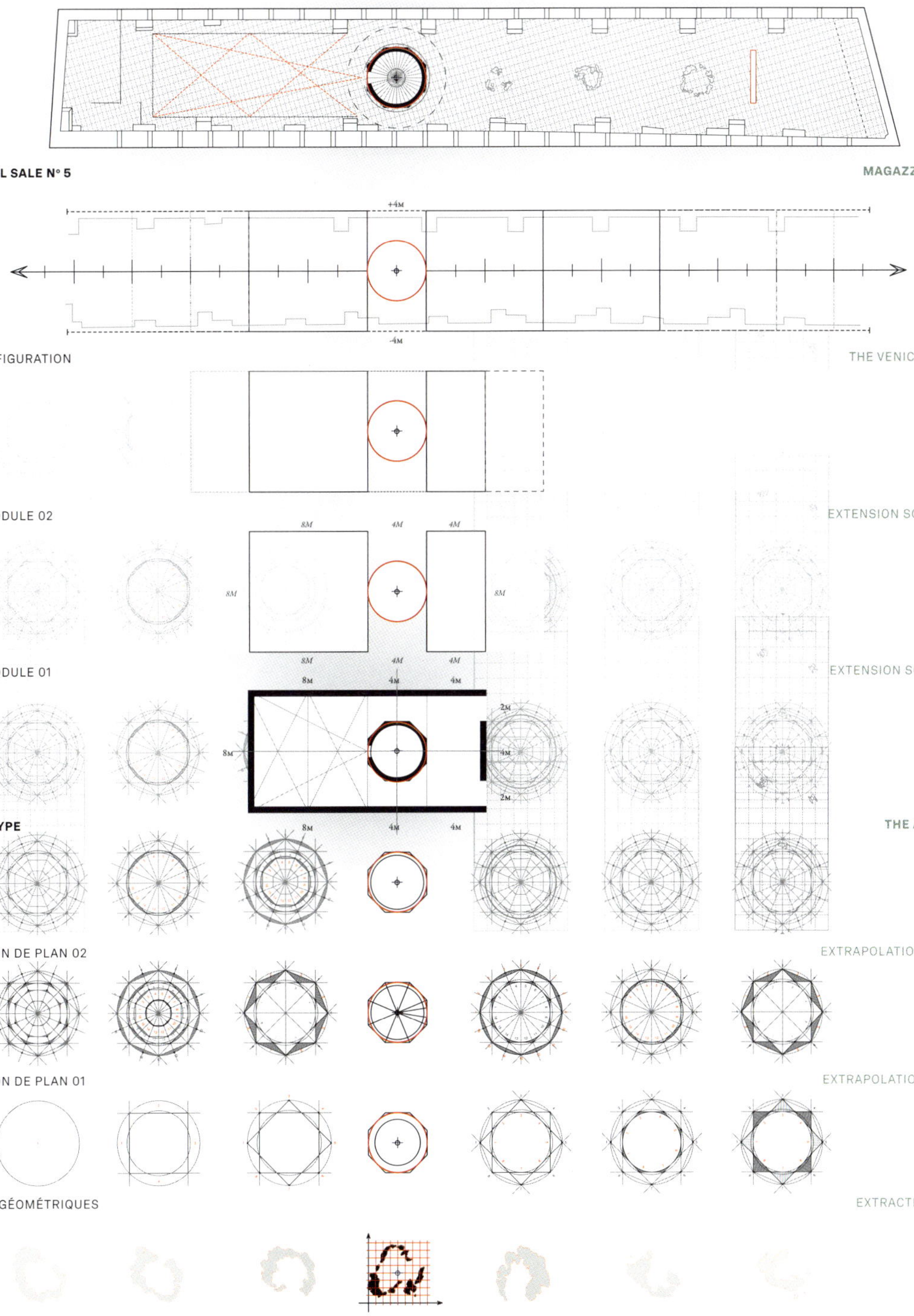

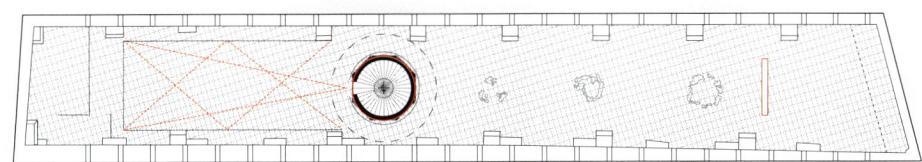

MAGAZZINI DEL SALE N° 5 MAGAZZINI DEL SALE N° 5

VENISE — PRÉFIGURATION THE VENICE PREFIGURATION

ÉVOLUTION MODULE 02 EXTENSION SCALED MODULE 02

ÉVOLUTION MODULE 01 EXTENSION SCALED MODULE 01

PLAN ARCHÉTYPE THE ARCHETYPE PLAN

EXTRAPOLATION DE PLAN 02 EXTRAPOLATION OF THE PLAN 02

EXTRAPOLATION DE PLAN 01 EXTRAPOLATION OF THE PLAN 01

EXTRACTIONS GÉOMÉTRIQUES EXTRACTION OF GEOMETRY

COUPES DES OLIVIERS OLIVE TREE CROSS-SECTIONS

ÉVOLUTIONS GÉOMÉTRIQUES GEOMETRIC EVOLUTIONS

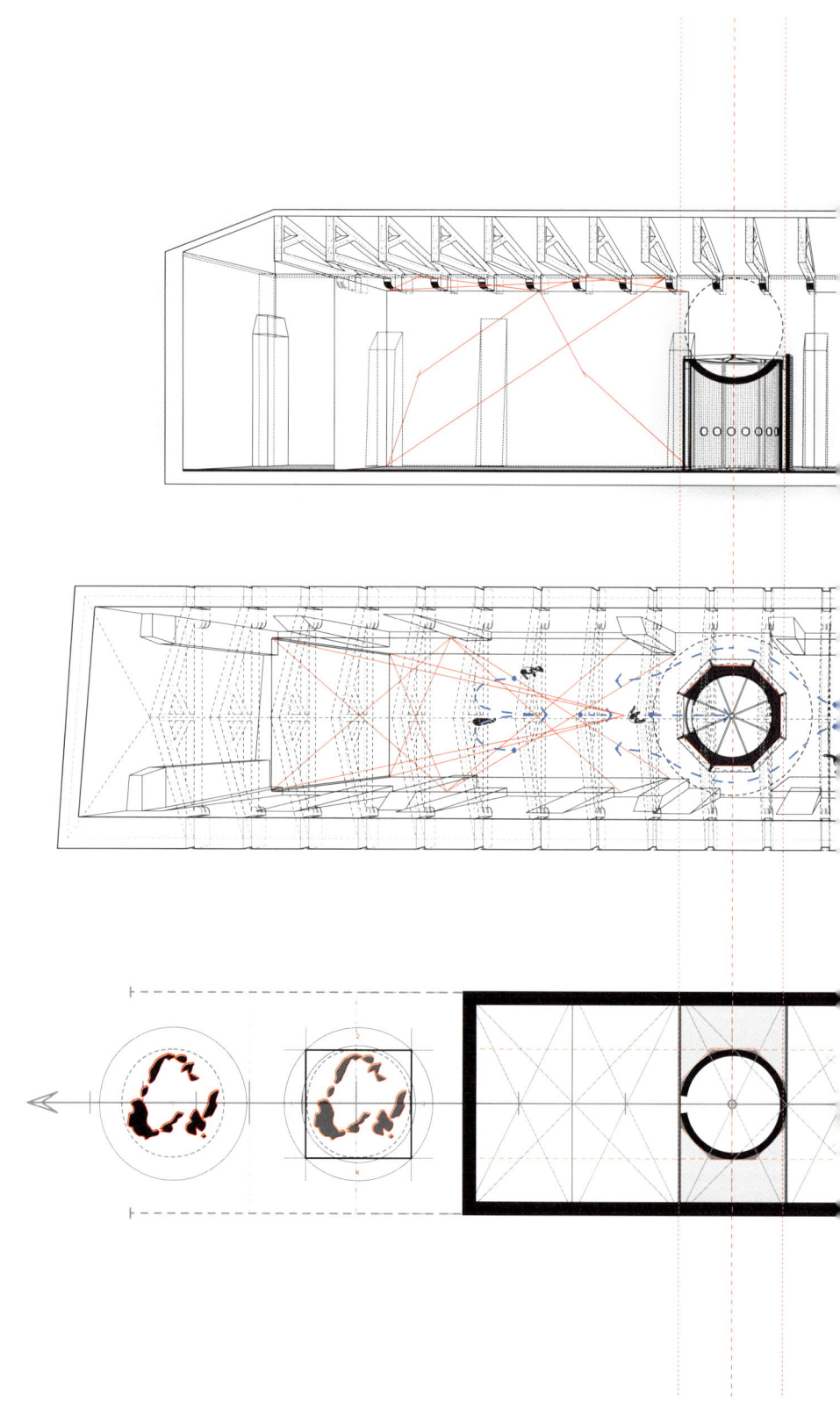

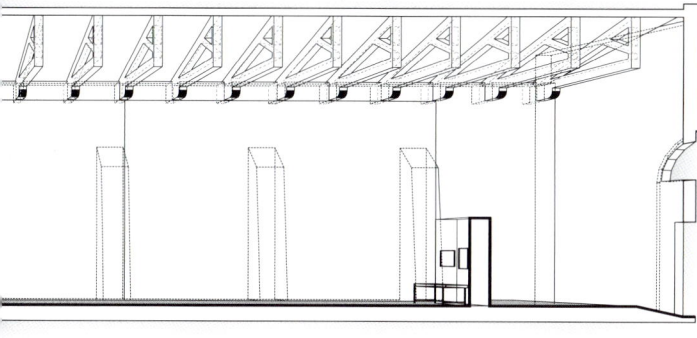

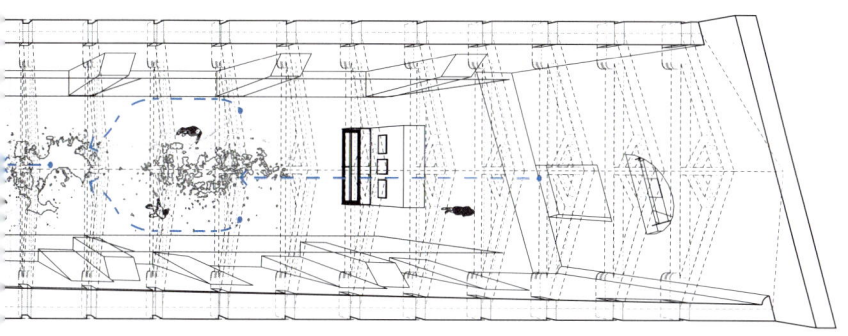

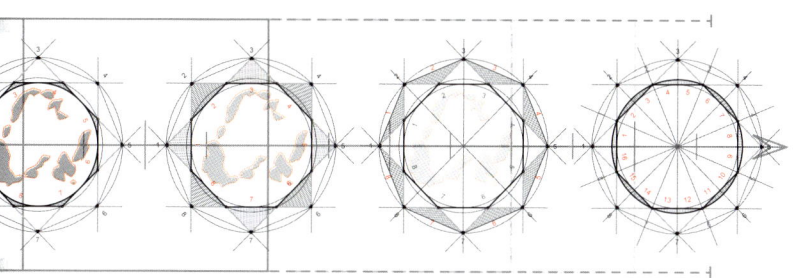

ÉVOLUTION GÉOMÉTRIQUE : PLAN ET COUPE PERSPECTIVES GEOMETRIC DEVELOPMENTS: PLAN AND PERSPECTIVE SECTIONS

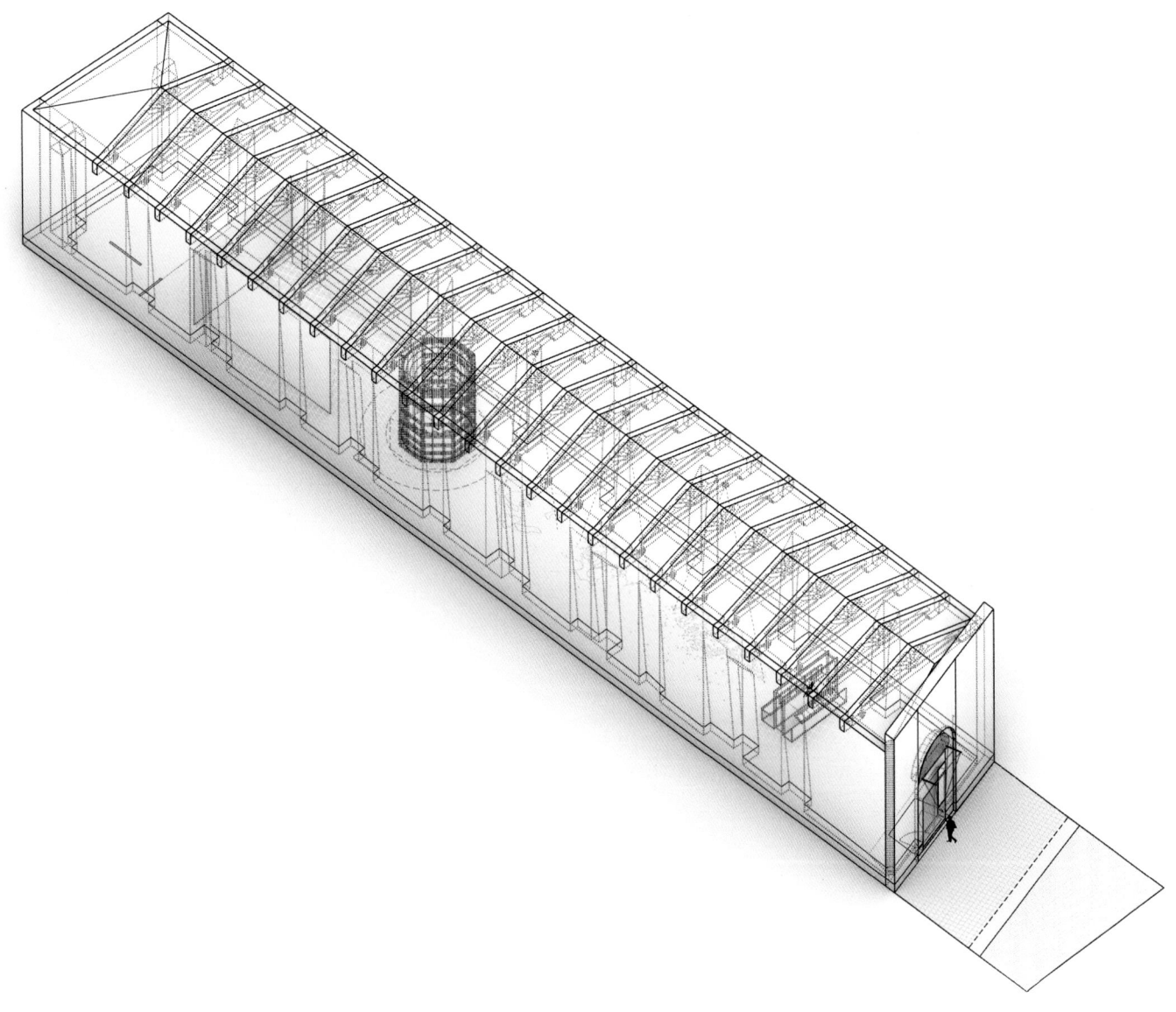

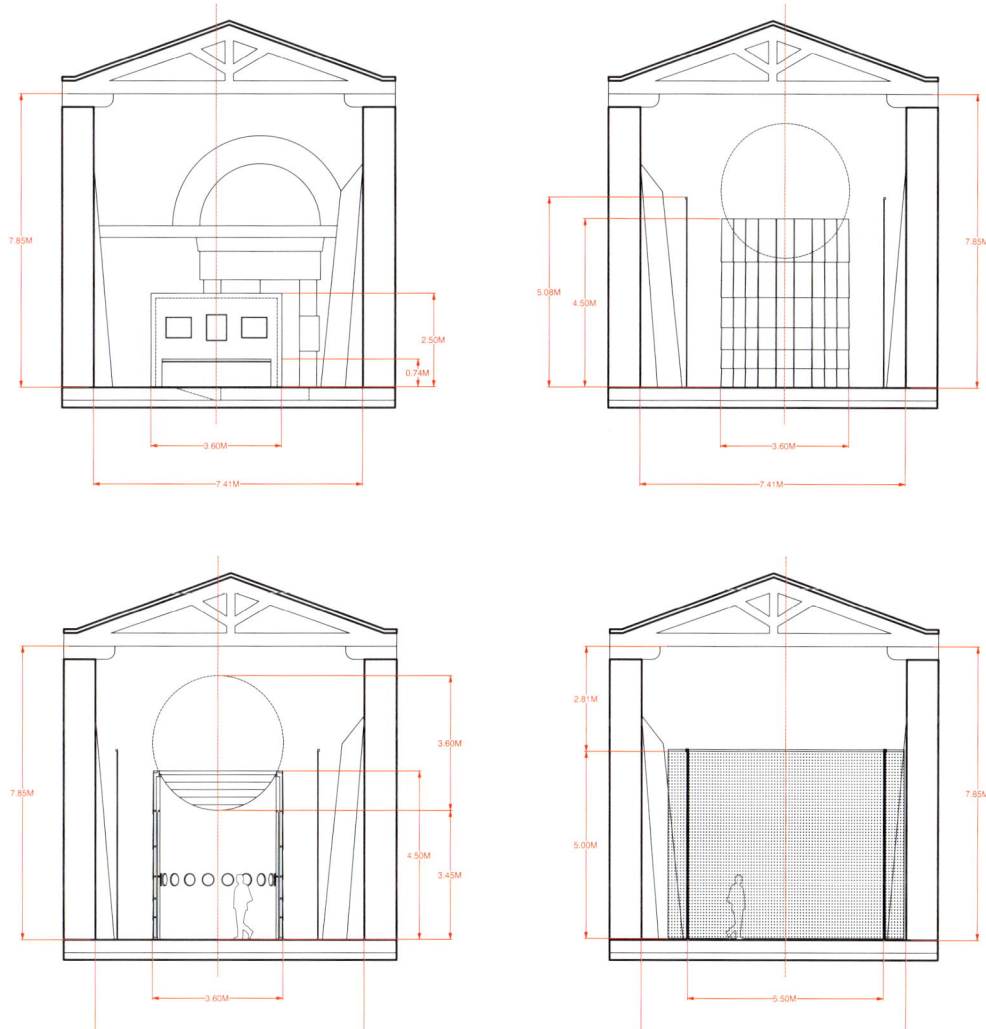

COUPES TRANSVERSALES CROSS-SECTIONS

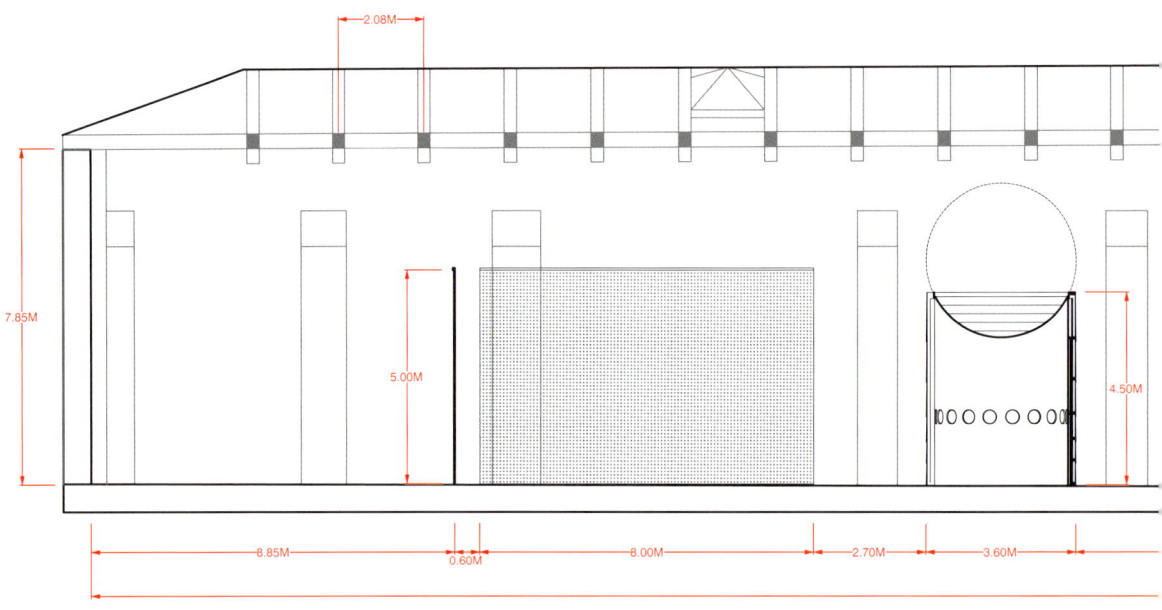
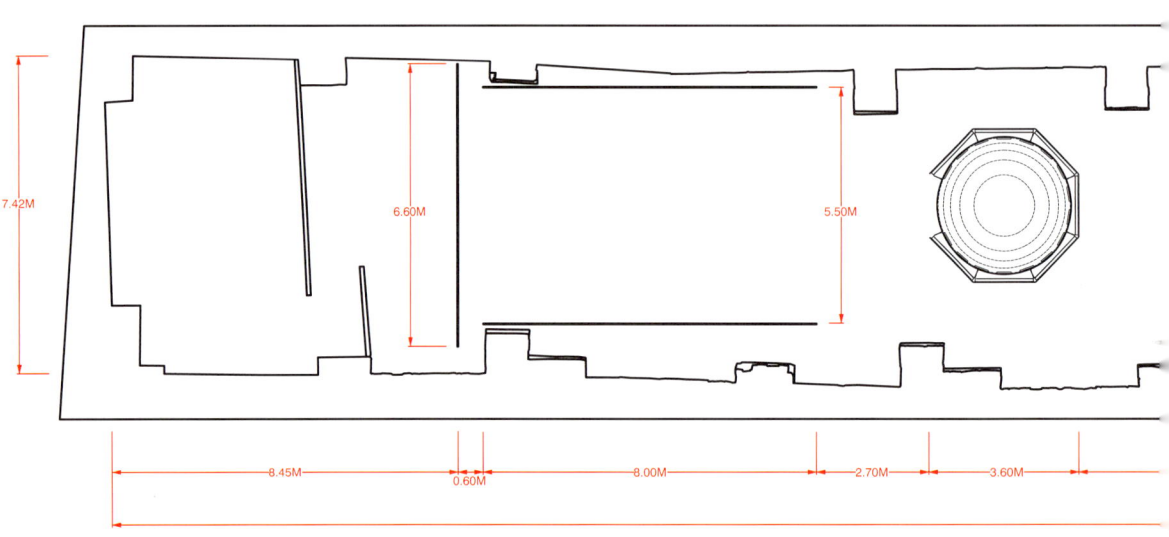

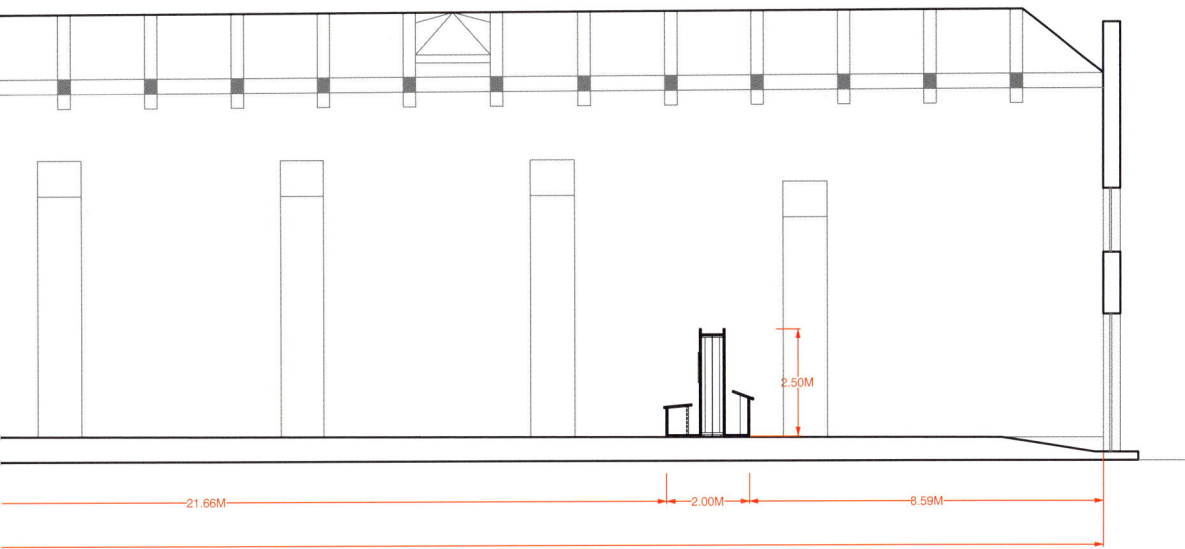

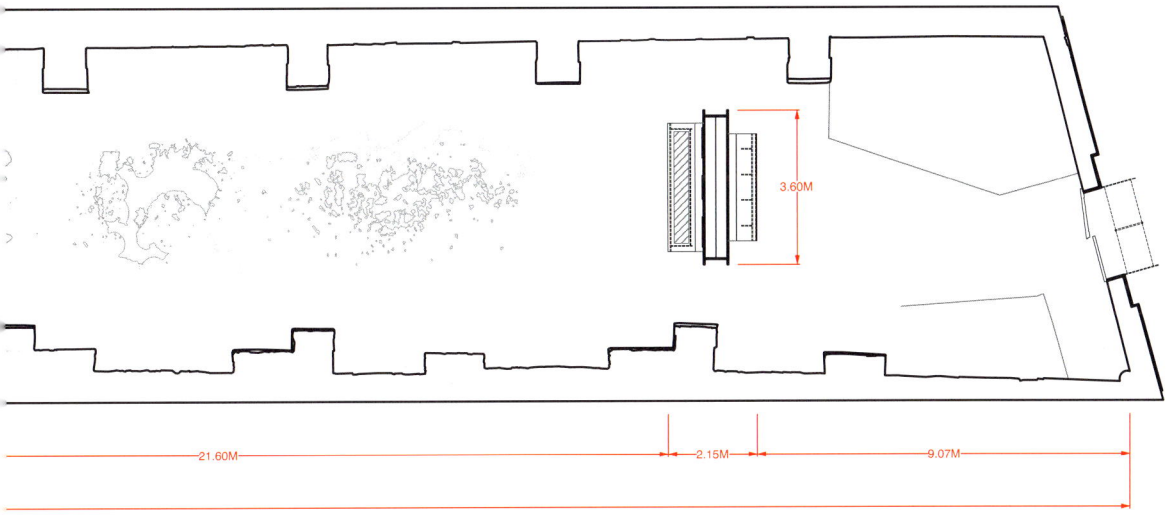

PLAN ET COUPE LONGITUDINALE PLAN AND LONGITUDINAL SECTION

MODULES PRÉFABRIQUÉS (X7)
Ossature acier, support vitrage

VITRAGE
Verre texturé

COUCHE TISSU 1
Semi-transparence, aspect argenté

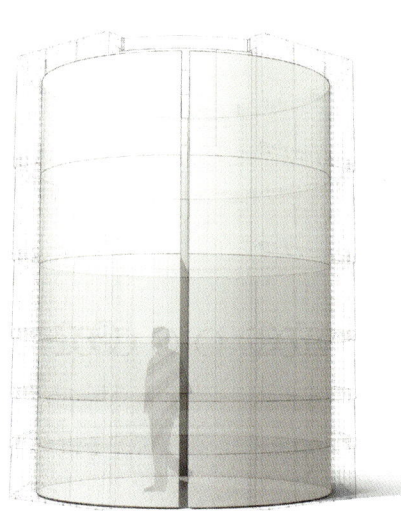

COUCHE TISSU 2
Transparence dégradée

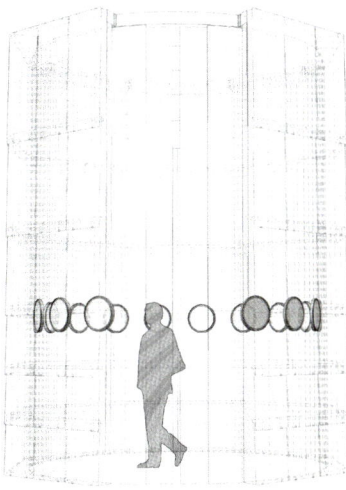

ŒUVRES 16 TOILES RONDES
Hommage à la déesse Olivéa, Etel Adnan

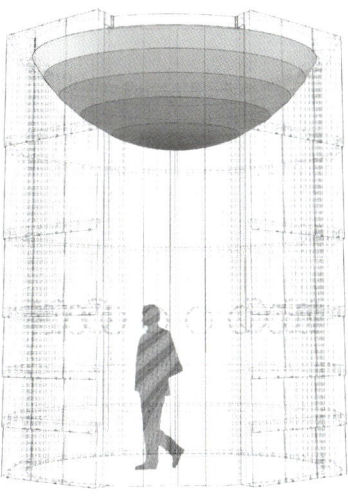

TOIT
Tissu + doublure / remplissage acoustique

LE PAVILLON CENTRAL CENTRAL PAVILION

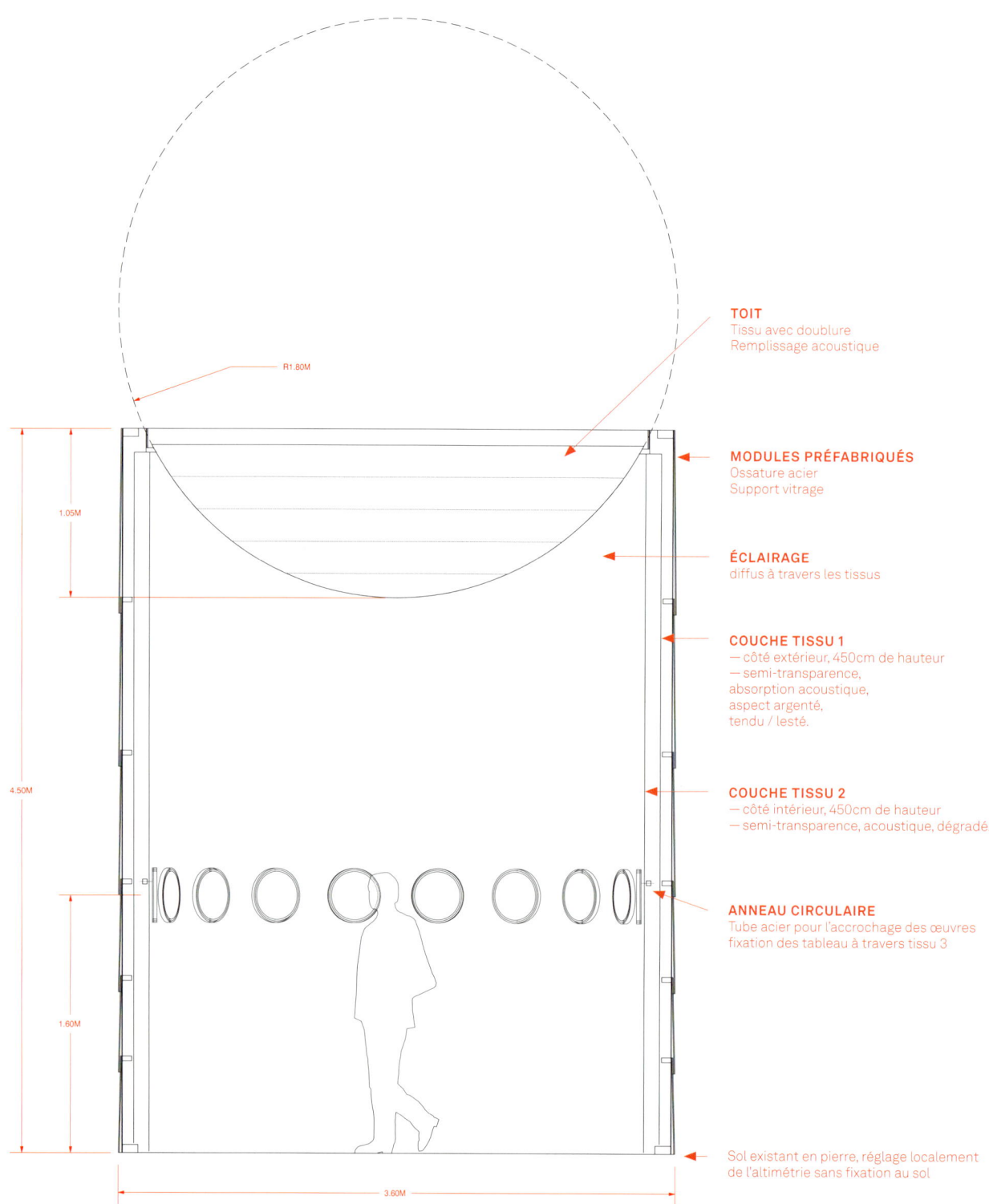

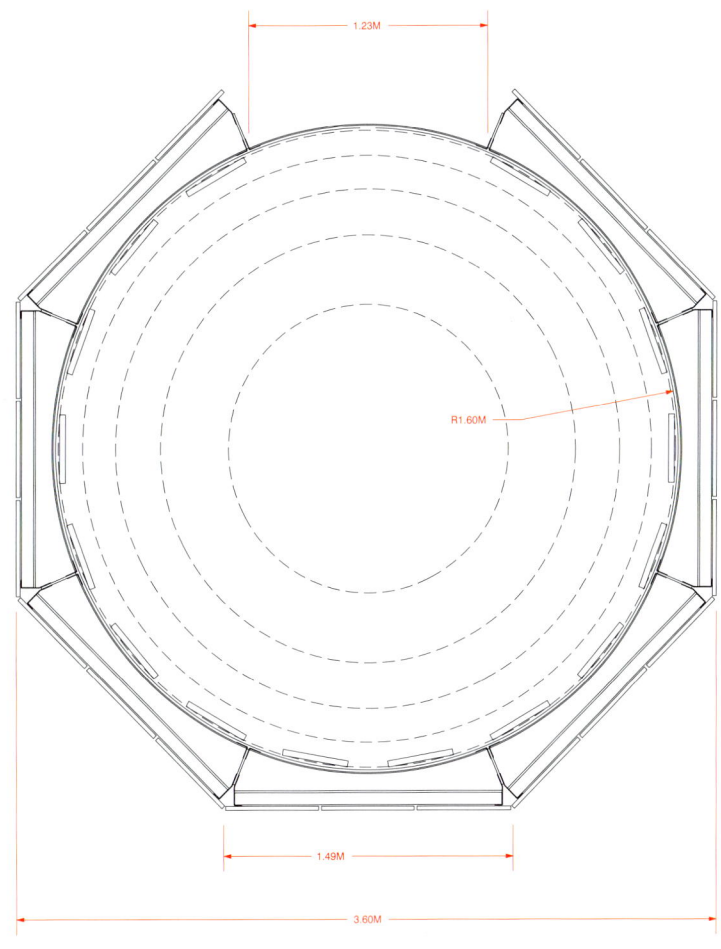

LE PAVILLON CENTRAL : PLAN ET COUPE CENTRAL PAVILION : PLAN AND SECTION

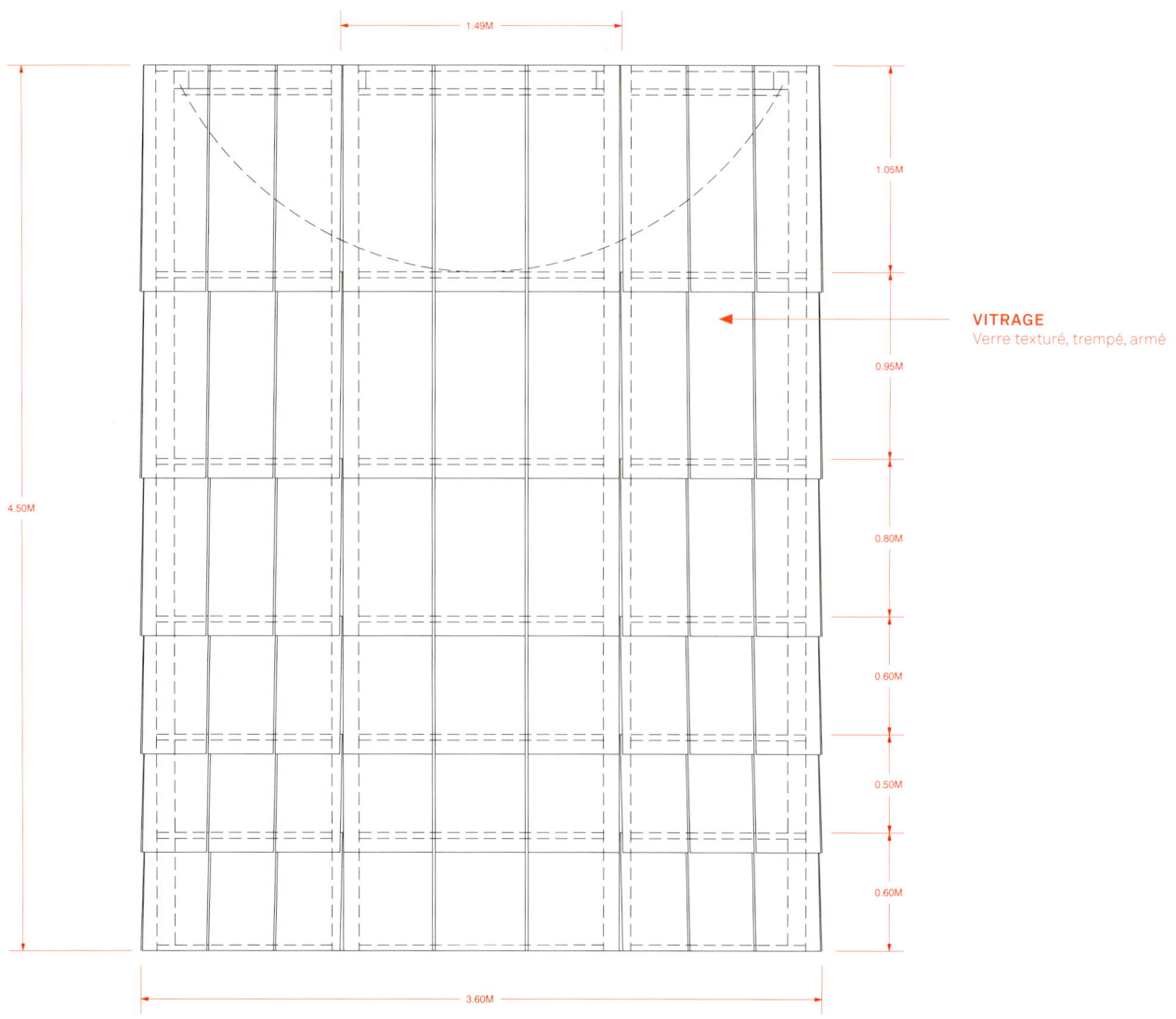

VITRAGE
Verre texturé, trempé, armé

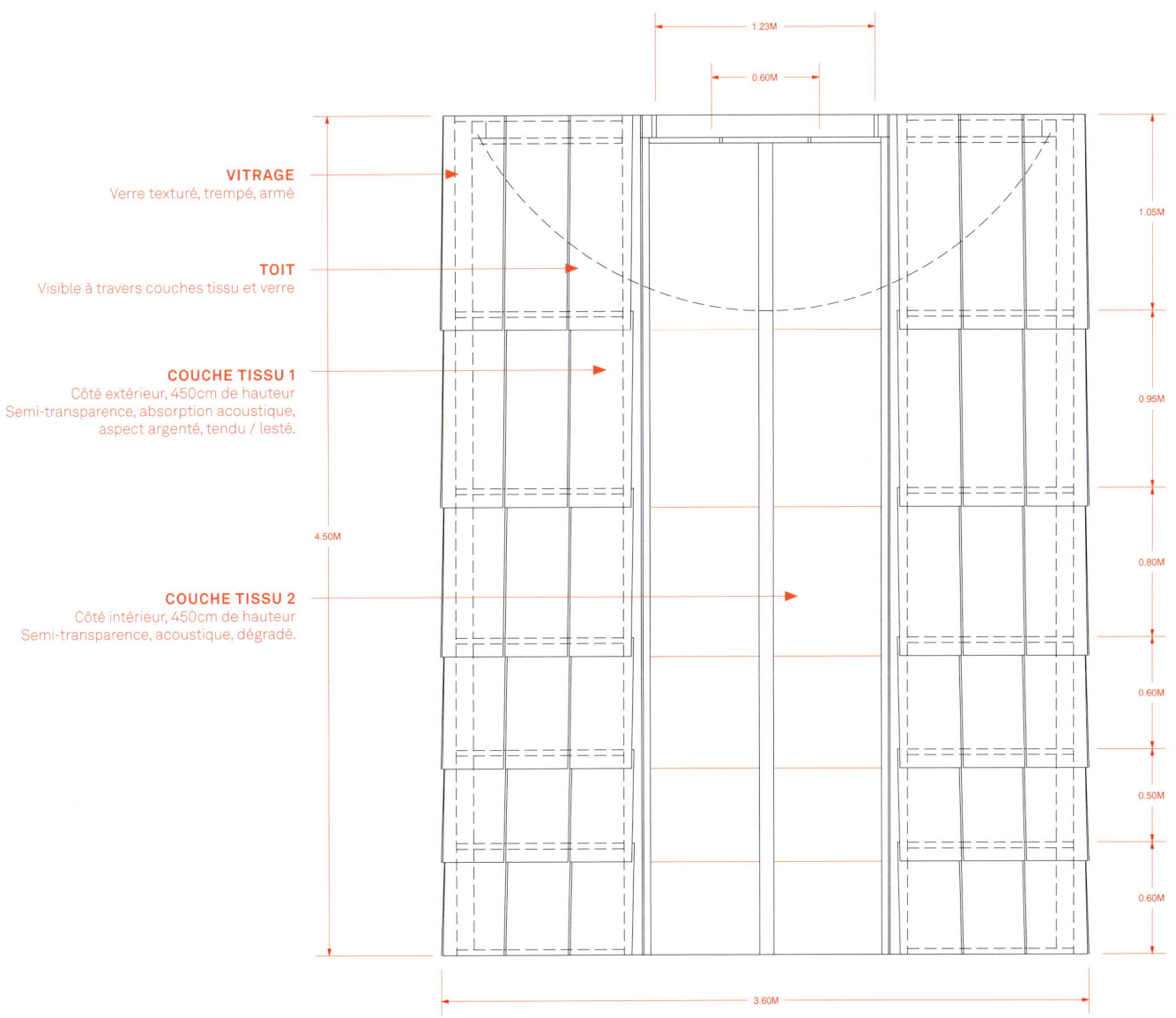

LE PAVILLON CENTRAL : ÉLÉVATIONS CENTRAL PAVILION : ELEVATIONS

TOIT
– couche tissu 2 (diamètre 360cm)
– doublure / remplissage acoustique

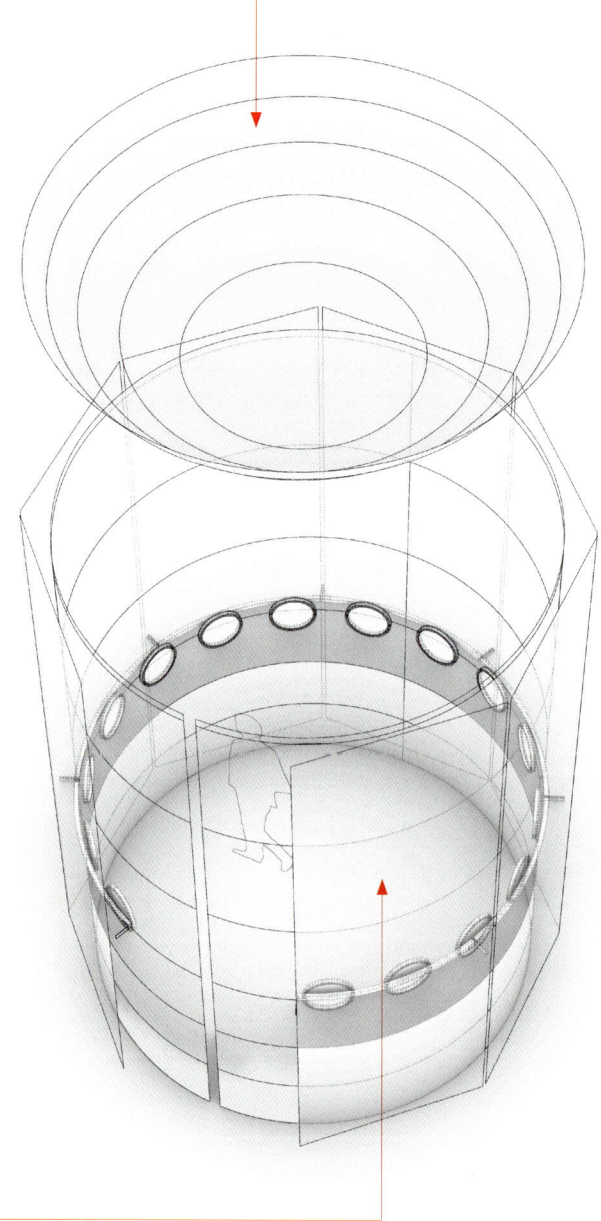

REVÊTEMENT INTÉRIEUR
– couche tissu 1 (côté extérieur, h. 450cm) :
semi-transparence, absorption acoustique, aspect métallisé, tendu / lesté
– couche tissu 2 (côté intérieur, h. 450cm) :
semi-transparence, acoustique, dégradé

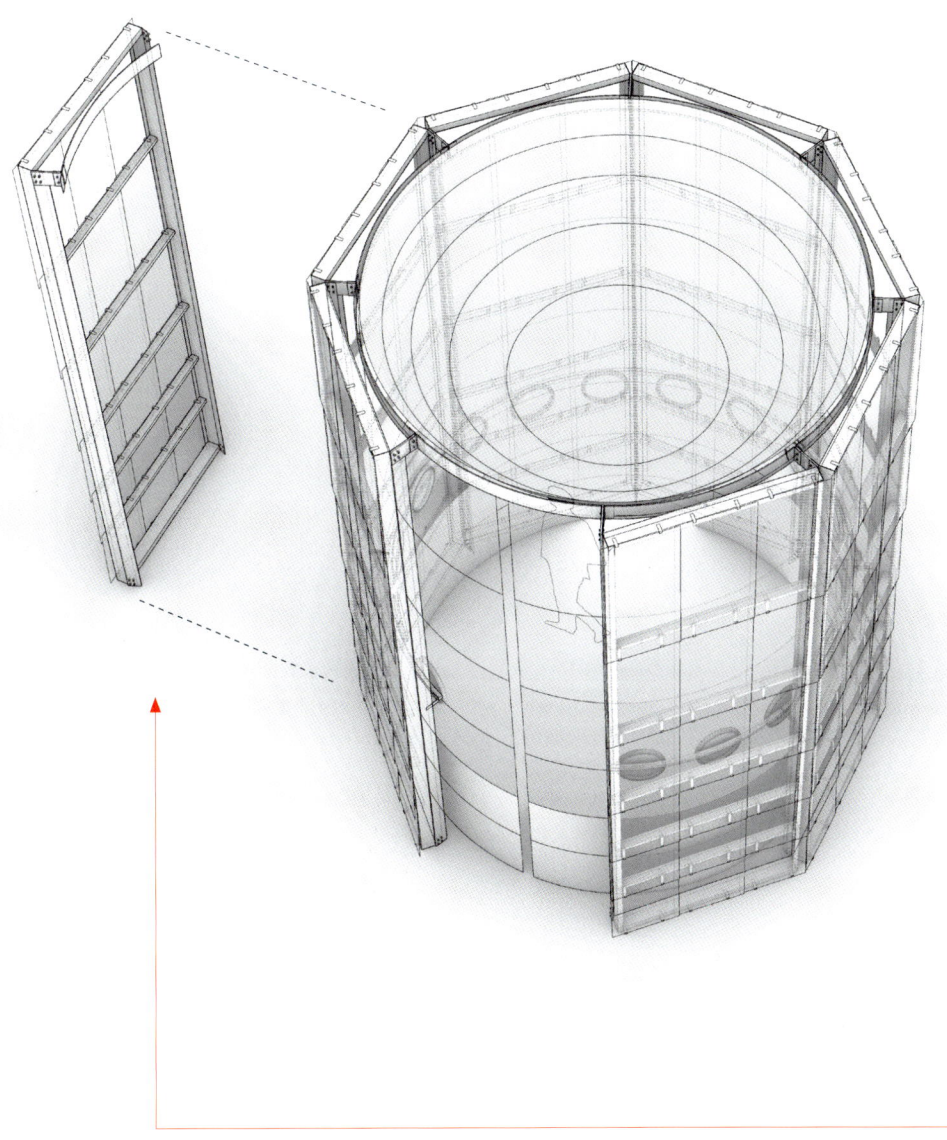

MODULES PRÉFABRIQUÉS
Ossature acier, support vitrage x7 identiques

LE PAVILLON CENTRAL : VUES AXONOMÉTRIQUES CENTRAL PAVILION : AXONOMETRIC VIEWS

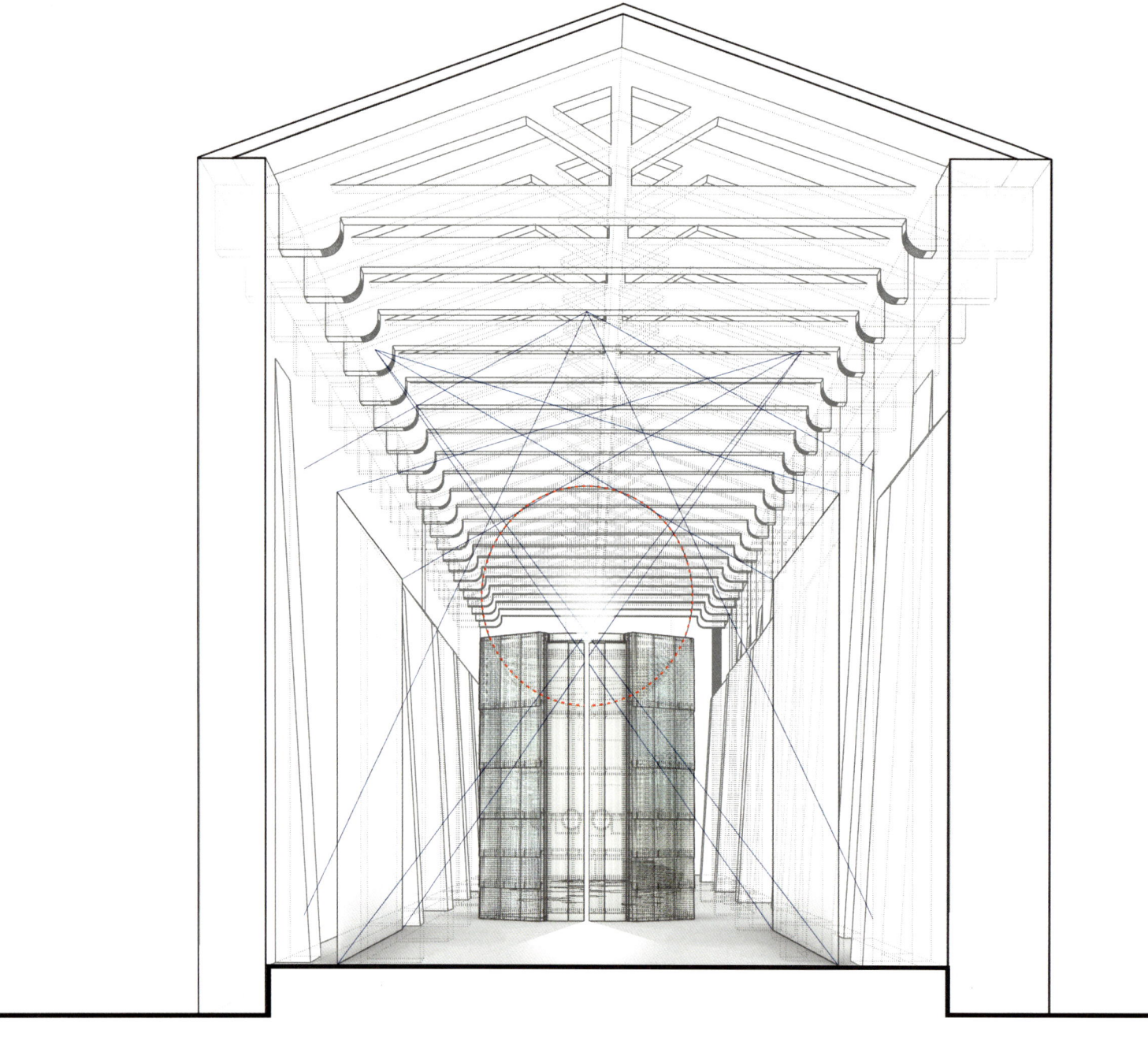

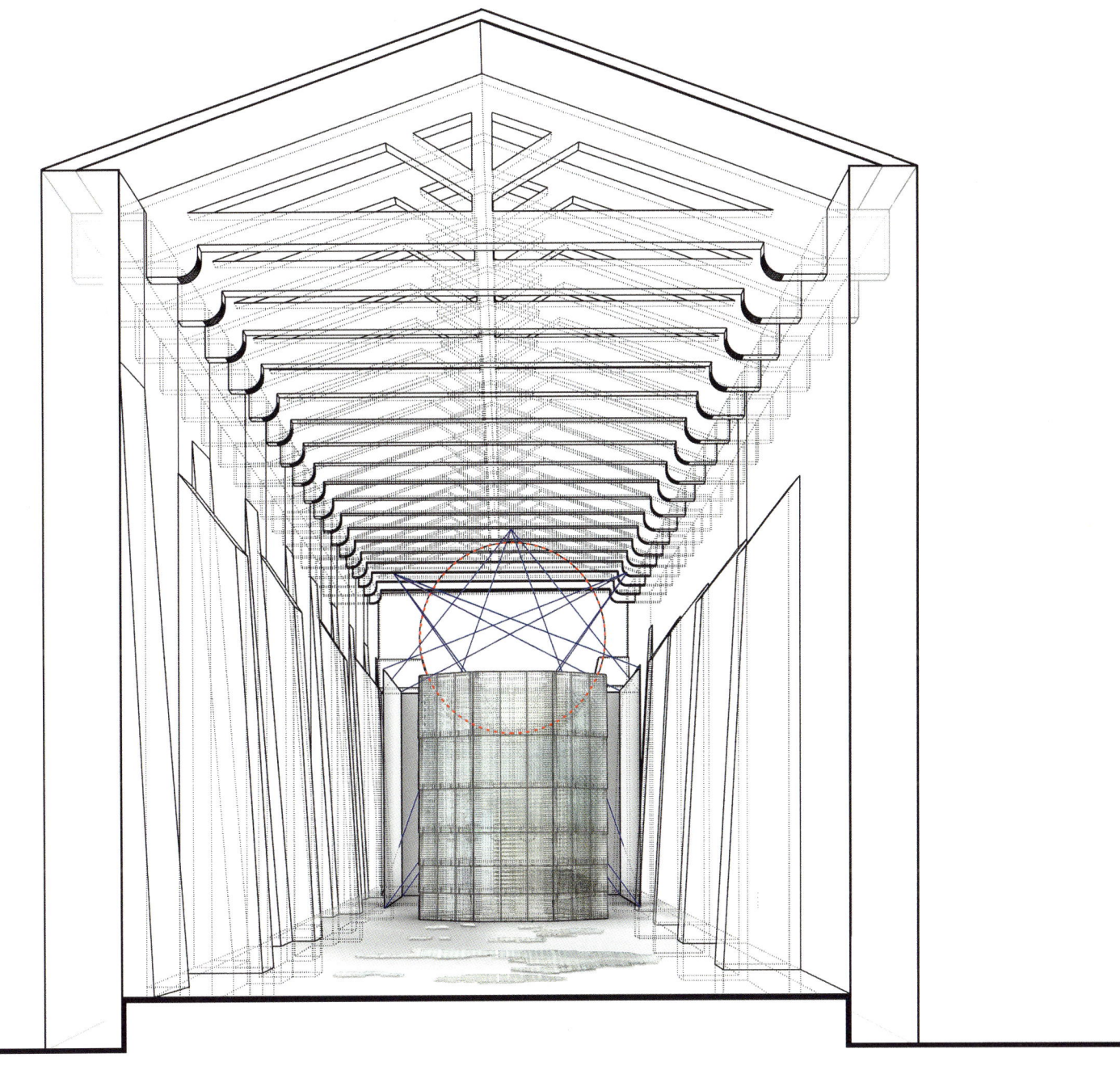

COUPES PERSPECTIVES PERSPECTIVE SECTIONS

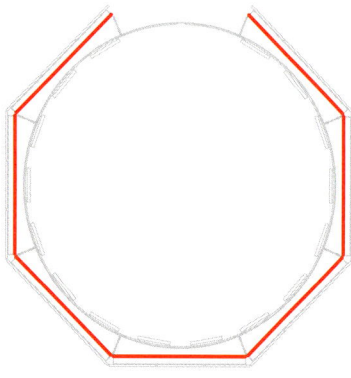

ENVELOPPE EXTÉRIEURE

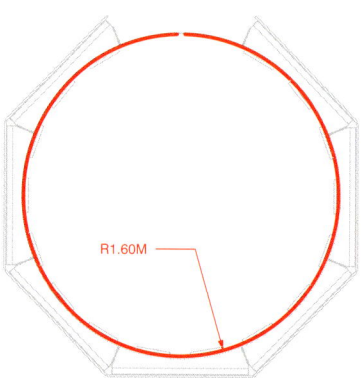

ENVELOPPE INTÉRIEURE

ENVELOPPE EXTÉRIEURE SEMI-TRANSPARENTE, MÉTALLISÉE

(DIAMÈTRE 3M40)

ENVELOPPE INTÉRIEURE SEMI-TRANSPARENTE, BLANC, ACOUSTIQUE ABSORBANT

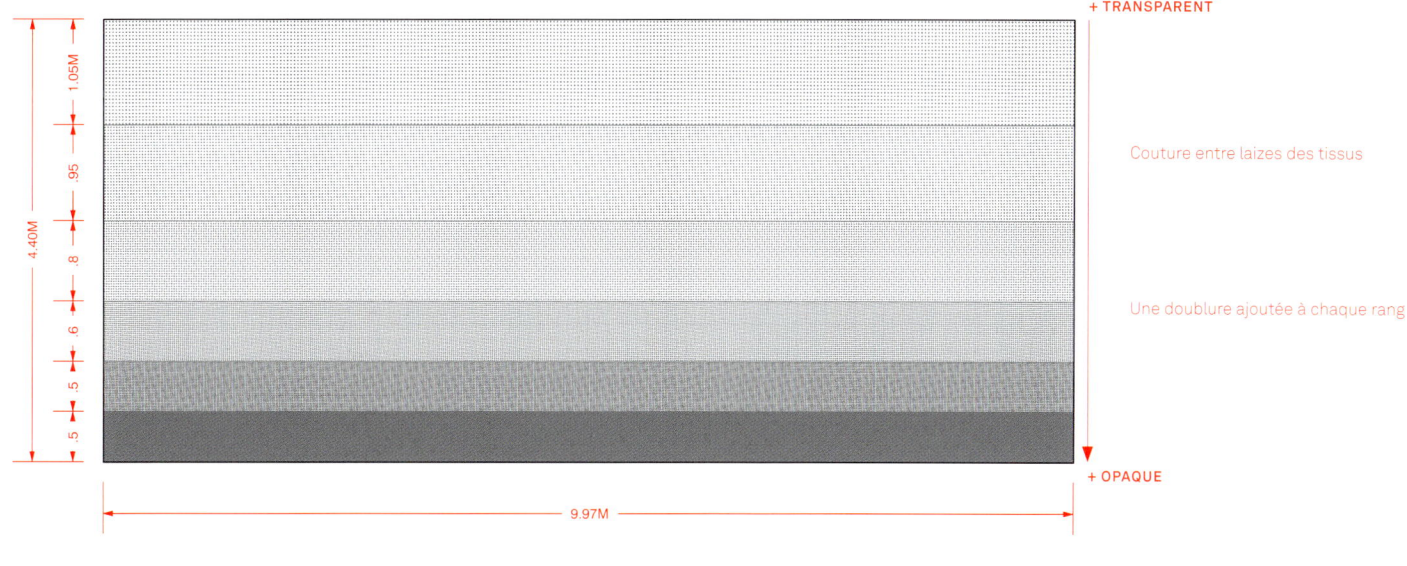

(DIAMÈTRE 3M20)

LE PAVILLON CENTRAL : REVÊTEMENTS INTÉRIEURS CENTRAL PAVILION: INTERIOR COVERINGS

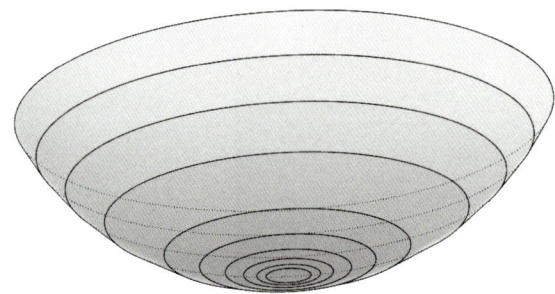

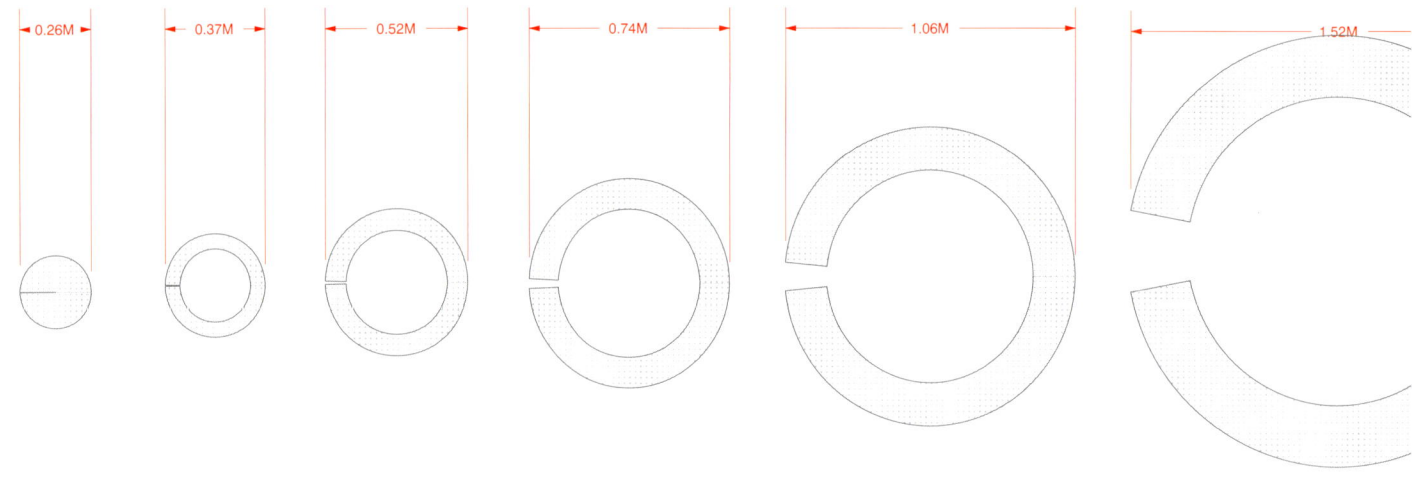

GÉOMÉTRIE DU TOIT TISSU GEOMETRY OF THE FABRIC ROOF

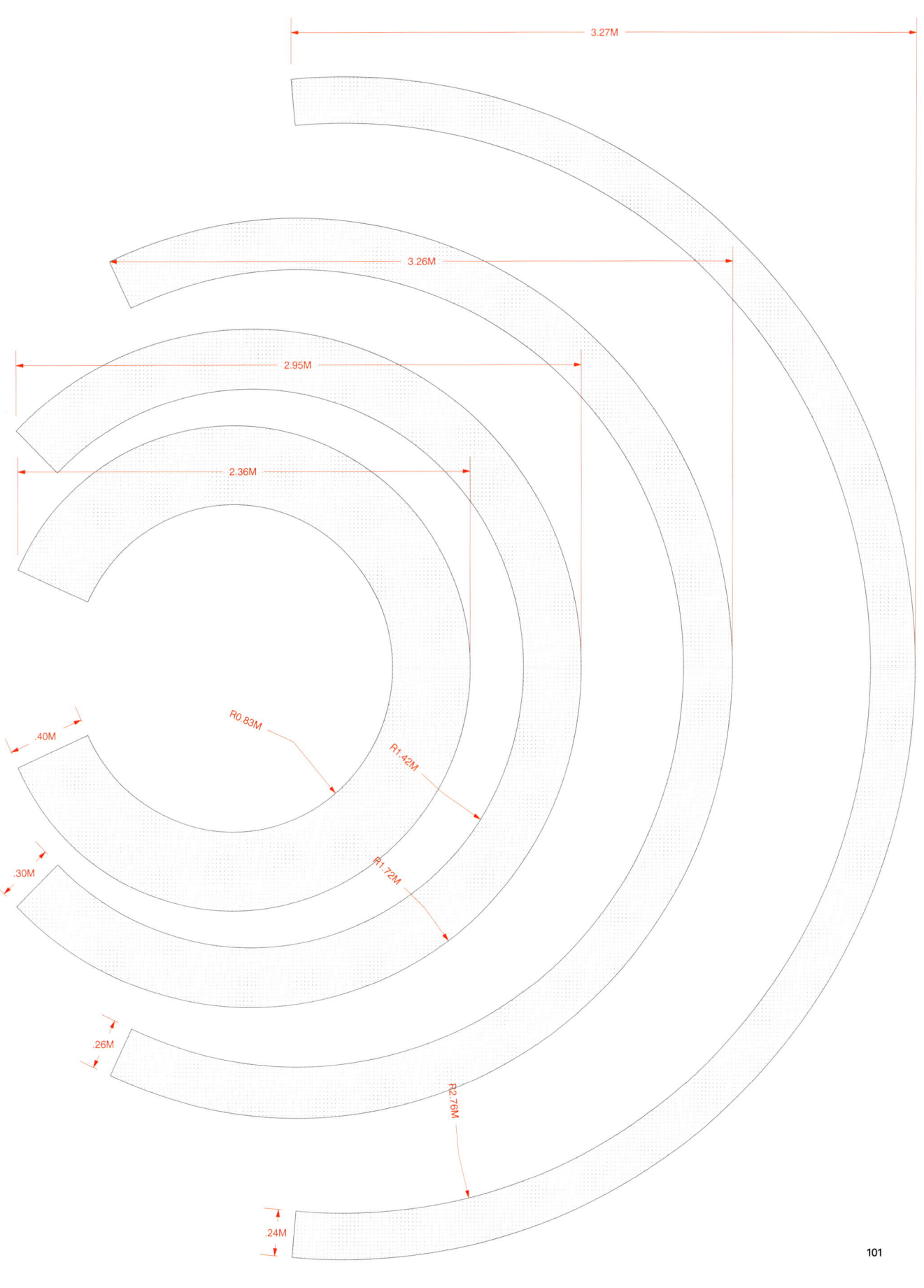

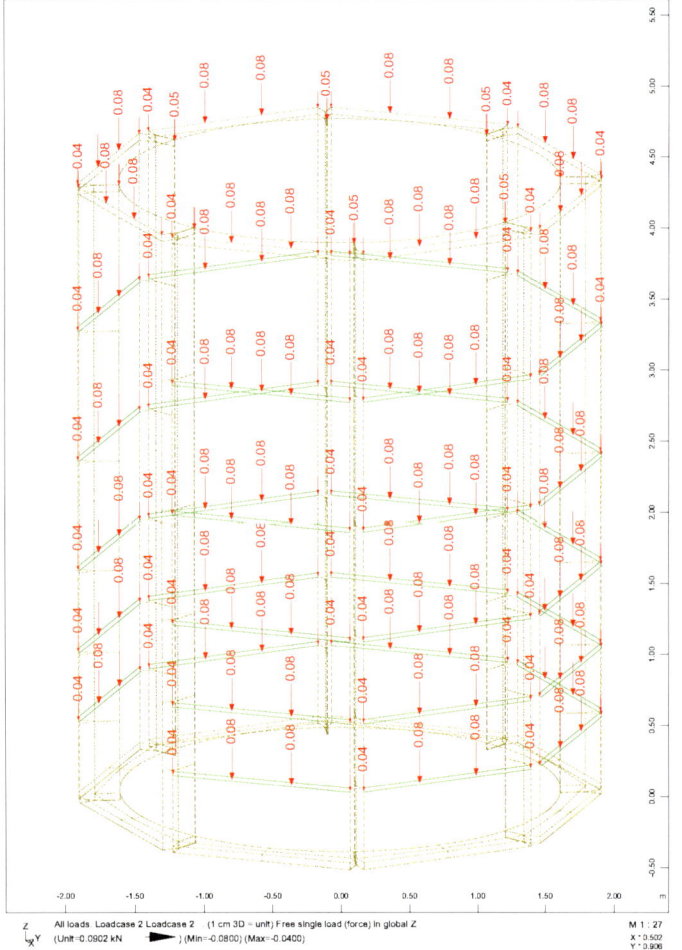

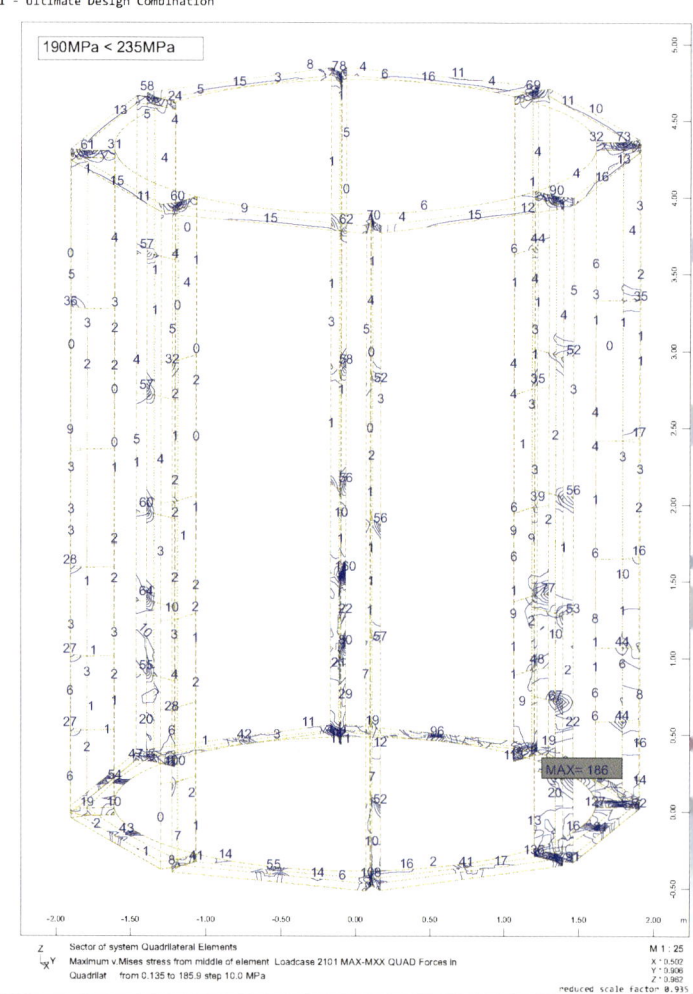

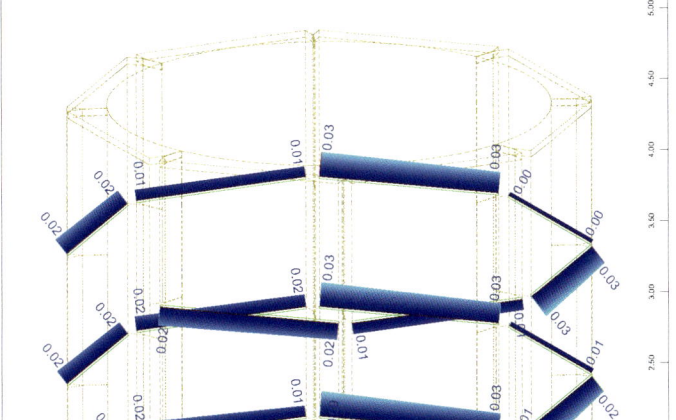

Superposition according to EuroNorm EN 1993-1-1:2005 Steel Structures

Combination rule Number 102
  Service: Permanent combination
  Superposition according to manual MAXIMA formula 2.7

$$E_{d,perm} = E\left\{\sum_{j\geq 1} G_{k,j} \oplus P_k \oplus \sum_{i\geq 1} \psi_{2,i} \cdot Q_{k,i}\right\}$$

Resulting Load Cases type Service: Permanent combination

Load Case selection and Actions

Act	Part	γ-u	γ-f	γ-a	ψ-0	ψ-1	ψ-2	ψ-1'	Fact	Type	Designation
	LC								Fact	Type	
G	G	1.00	1.00	1.00	1.00	1.00	1.00	1.00			dead load
	1								1.00	PERM	Loadcase 1
G_1	G	1.00	1.00	1.00	1.00	1.00	1.00	1.00			dead load g1
	2								1.00	PERM	Loadcase 2
Q	Q	1.00	0.00	1.00	0.70	0.50	0.30	1.00			variable load
	3								1.00	COND	Loadcase 3

Act   action
Part   partition of the action
γ-u,γ-f,γ-a   safety factors for unfavourable/favourable/accidental
ψ-0,ψ-1,ψ-2,ψ-1'   combination coefficients
LC   number of the load case
Fact   factor for load case
Type   type of the load case
PERM   permanent load grouped in actions
COND   conditional load

Combination rule Number 103
  Ultimate Design combination
  Superposition according to manual MAXIMA formula 2.1

$$E_d = E\left\{\sum_{j\geq 1}\gamma_{G,j} \cdot G_{k,j} \oplus \gamma_P \cdot P_k \oplus \gamma_{Q,1} \cdot Q_{k,1} \oplus \sum_{i>1}\gamma_{Q,i} \cdot \psi_{0,i} \cdot Q_{k,i}\right\}$$

Resulting Load Cases type Ultimate Design combination

Load Case selection and Actions

Act	Part	γ-u	γ-f	γ-a	ψ-0	ψ-1	ψ-2	ψ-1'	Fact	Type	Designation
	LC								Fact	Type	
G	G	1.35	1.00	1.00	1.00	1.00	1.00	1.00			dead load
	1								1.00	PERM	Loadcase 1
G_1	G	1.35	1.00	1.00	1.00	1.00	1.00	1.00			dead load g1
	2								1.00	PERM	Loadcase 2
Q	Q	1.50	0.00	1.00	0.70	0.50	0.30	1.00			variable load
	3								1.00	COND	Loadcase 3

Act   action
Part   partition of the action
γ-u,γ-f,γ-a   safety factors for unfavourable/favourable/accidental
ψ-0,ψ-1,ψ-2,ψ-1'   combination coefficients
LC   number of the load case
Fact   factor for load case
Type   type of the load case
PERM   permanent load grouped in actions
COND   conditional load

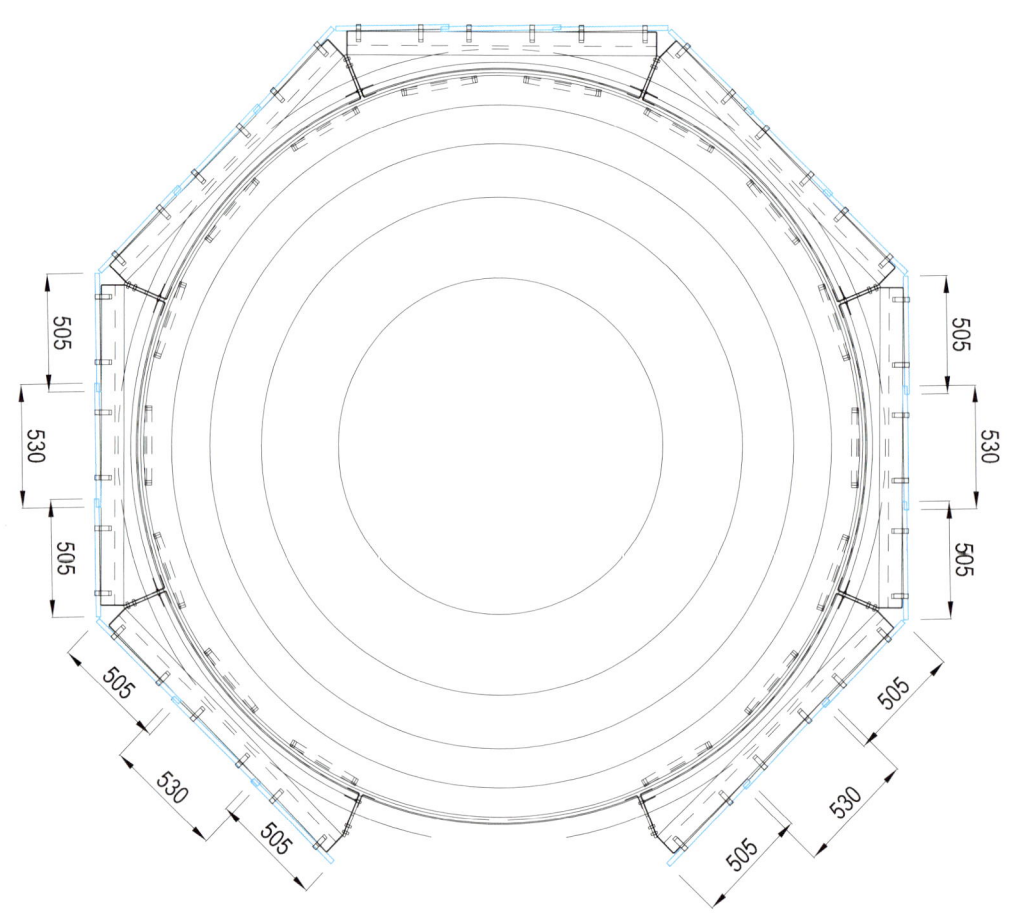

Verre typologie Wired "O" 1" ép. 6 mm

RANG 6

Verre typologie Wired "O" 1/2" ép. 6 mm

RANG 5

Verre typologie Flutes ép. 4 mm

RANG 4

Verre typologie Patterned Glass 130 ép. 5 mm

RANG 3

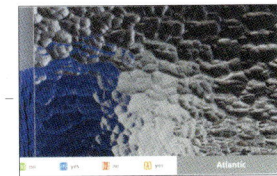

Verre typologie Atlantic ép. 4 mm

RANG 2

Verre typologie Diamante 9 ép. 4 mm

RANG 1

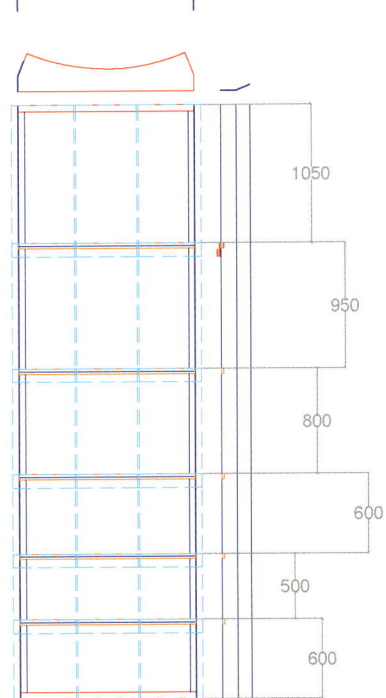
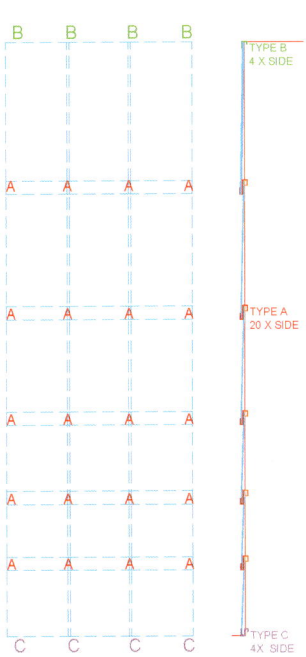

LE PAVILLON CENTRAL : TYPOLOGIE DES VERRES TEXTURÉS TYPOLOGY OF TEXTURED GLASS

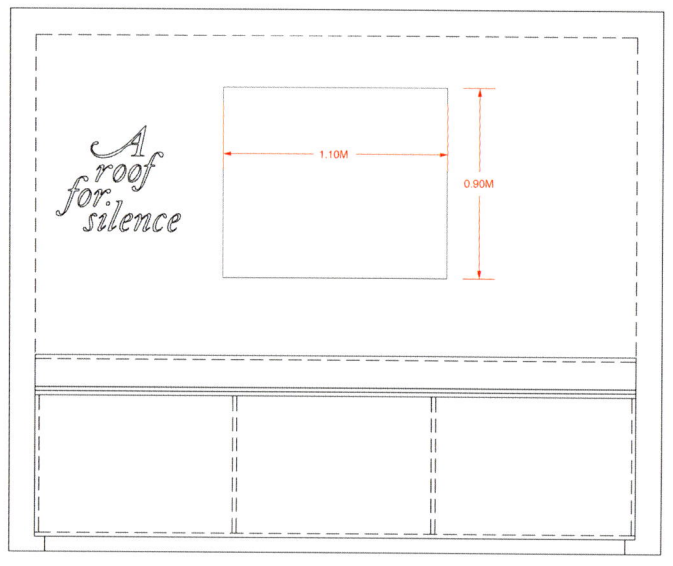
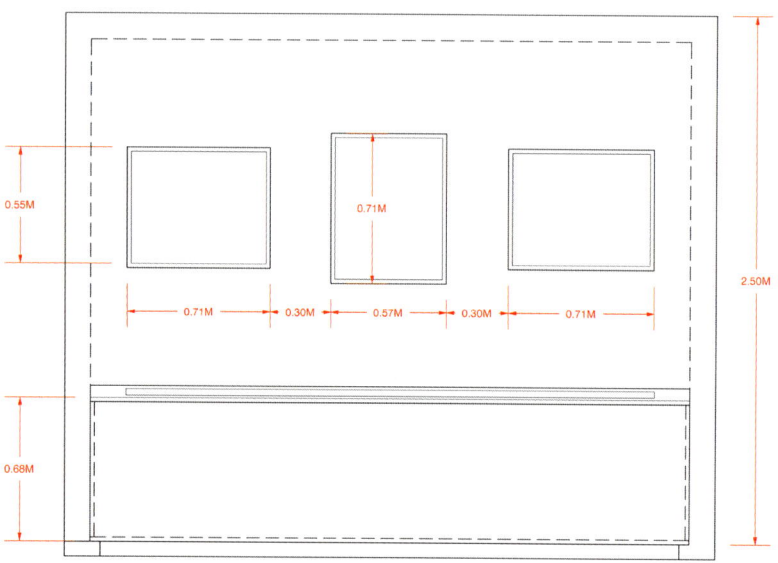

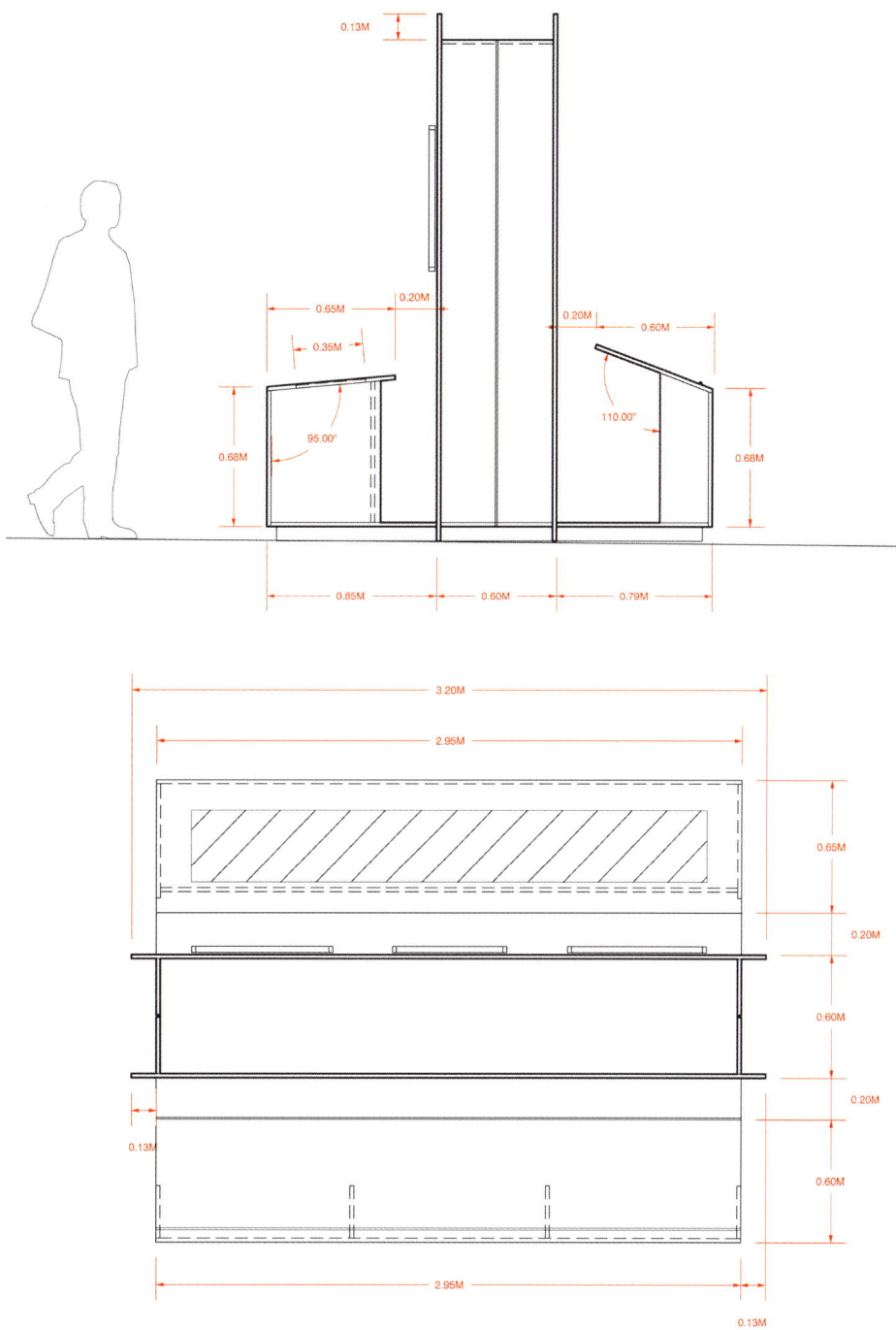

CIMAISE D'INTRODUCTION — DÉTAILS D'EXÉCUTION INTRODUCTION WALL — EXECUTION DETAILS

MAQUETTES D'ÉTUDE À L'ATELIER D'ARCHITECTURE STUDY MODEL IN THE ARCHITECTURE WORKSHOP

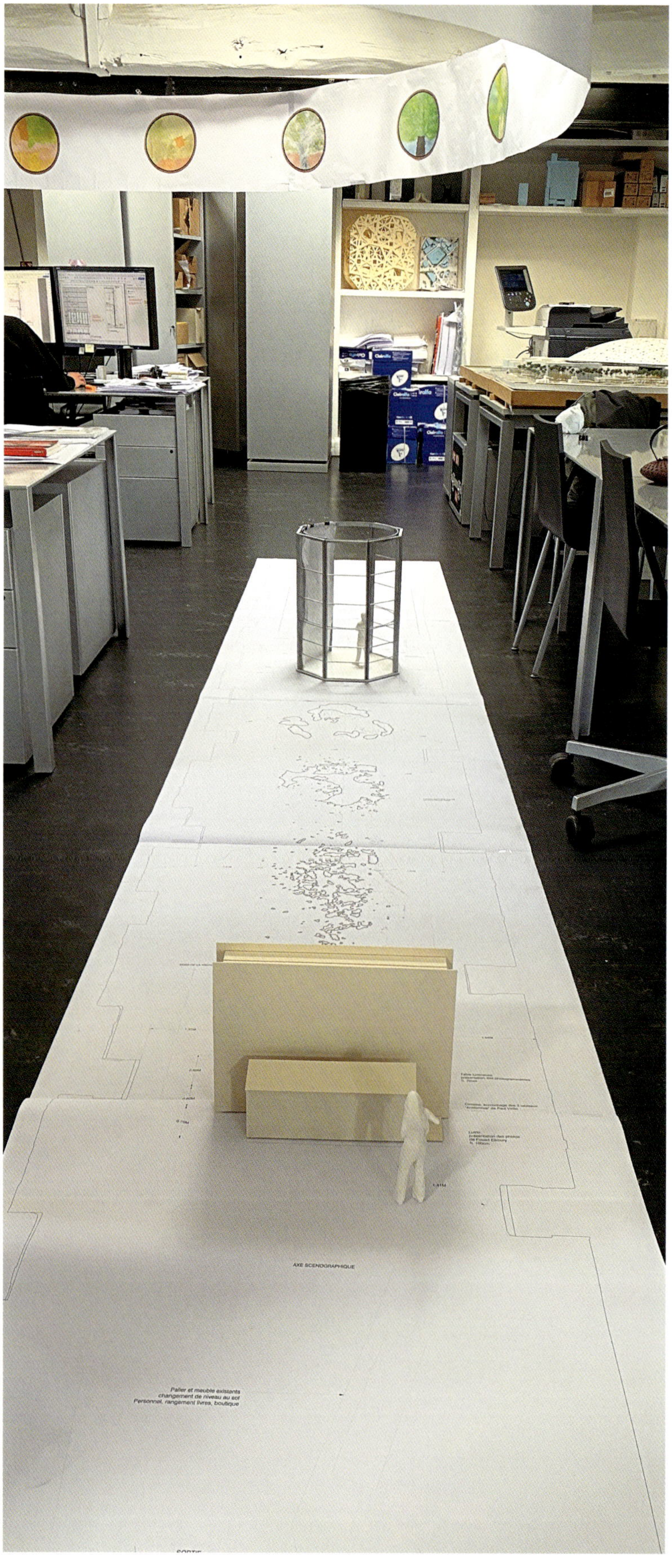

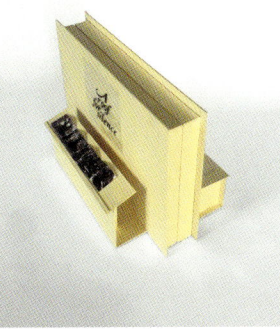

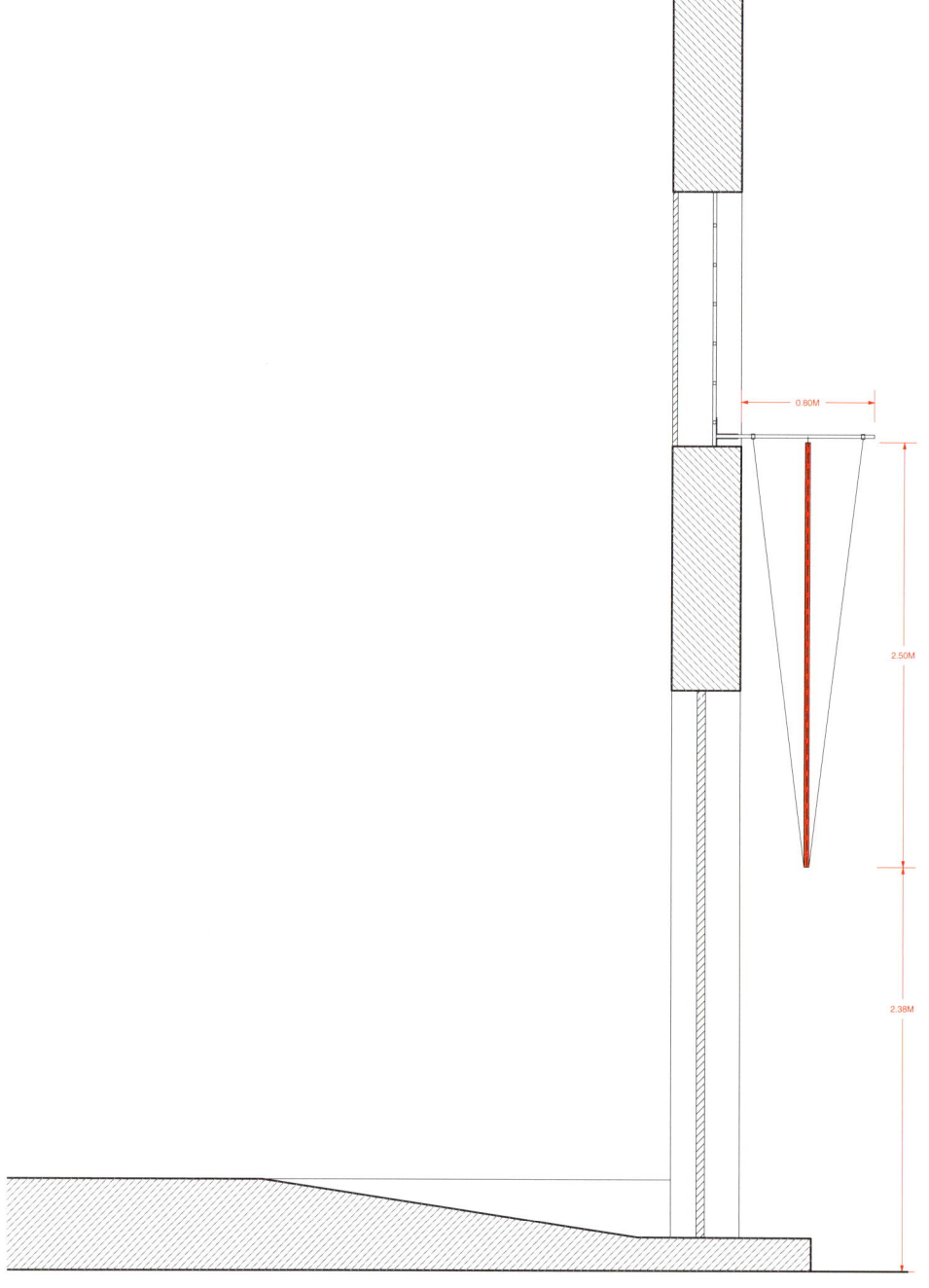

SIGNALÉTIQUE EXTÉRIEURE EXTERIOR SIGNAGE

À PROPOS D'ARCHITECTURE
ABOUT ARCHITECTURE

Etel Adnan & Hala Wardé

12 mars 2021
March 12, 2021

EA : J'ai fait des tableaux et je suis contente que ces tableaux soient, pour leur première exposition, dans un lieu magique. On n'aurait pas pu trouver mieux que Venise pour lancer cette initiative. On est très fiers d'être à Venise.

HW : Peux-tu parler de la place de l'architecture dans ton œuvre ?

EA : L'architecture est une idée générale. Ce n'est pas que des bâtiments. Par exemple, un livre a son architecture. Je considère que la philosophie et que les livres de philosophie n'ont rien à voir avec la vérité. Il n'y a pas de vérité absolue qu'on puisse toucher du doigt. Une œuvre de philosophie est une architecture mentale. L'architecture est une question mentale. À la base, un organisme est une architecture, le corps humain est une architecture. L'idée d'architecture est à la base de l'idée de réalité. C'est très important d'être sensible à l'architecture. Ce ne sont pas que des maisons, ce sont des structures vitales.

HW : Ton œuvre va être présentée dans le cadre d'une Biennale d'architecture…

EA : Je trouve que ça tombe bien parce que nous allons revenir à l'idée de structure. Roland Barthes était très sensible à l'idée de structure.

HW : J'ai conçu une architecture qui était inspirée par ton œuvre. C'est une petite rotonde, qui est à la fois octogonale et circulaire, avec un toit semi-sphérique. Ça s'appelle *A Roof for Silence*.

EA : J'aime beaucoup le cercle parce qu'il est une idée philosophique. C'est une chose qui n'a ni commencement ni fin. C'est une idée philosophique, un cercle. Mes tableaux sont aussi des cercles.

EA: I've done some paintings and I'm glad for these paintings to be, for their first exhibition, in a magic place. You couldn't hope to find a better place than Venice to launch this initiative. We're very proud to be in Venice.

HW: Can you talk about the place of architecture in your work?

EA: Architecture is a general idea. It's not just buildings. A book, for instance, has its architecture. I consider philosophy and philosophy books as having nothing to do with truth. There is no absolute truth that you can put your finger on. A work of philosophy is intellectual architecture. Architecture is an intellectual issue. Essentially, an organism is architecture, the human body is architecture. The idea of architecture is at the heart of the idea of reality. It's very important to be sensitive to architecture. They are not just houses, they are vital structures.

HW: Your œuvre will be presented within the framework of a Biennale of architecture…

EA: I think that's perfect timing, because we're going to return to the idea of structure. Roland Barthes was very sensitive to the idea of structure.

HW: I designed an architectural structure that was inspired by your work. It's a small rotunda that's both octagonal and circular at the same time, with a semi-spherical roof. It's called *A Roof for Silence*.

EA: I really love the circle because it's a philosophical idea. It's a thing that has no beginning and no end. It's a philosophical idea, a circle. My paintings are also circles.

HW: So we're going to see your 16 paintings inside a cylindrical space.

HW: Donc, on va voir tes 16 tableaux, à l'intérieur d'un espace cylindrique.

EA: Un espace qui leur convient, qui leur répond.

HW: Le toit aussi est semi-sphérique, donc on aura une sensation d'absence de limite.

EA: Une chose complète.

HW: Tu as nommé ton œuvre *Olivéa: Hommage à la déesse de l'olivier.*

EA: Oui, on a créé cette déesse. Il y a une déesse des oliviers, de cet arbre. Je l'ai imaginée, mais si les déesses existent, elle existe. J'apprécie aussi beaucoup les légendes qui s'y rattachent. Les paysans du coin croient que l'oiseau qui a rapporté la branche d'olivier de la fin du Déluge — le retour de la vie et de la paix — l'a prise exactement là.

HW: Oui, c'est ce que racontent les villageois. Fouad Elkoury a photographié ces oliviers. As-tu vu ses 16 photos ? La coïncidence veut qu'il y ait exactement le même nombre d'oliviers dans ce lieu, que ceux que tu as peints.

EA: Fouad a attrapé l'idée du sacré, que ces oliviers sont liés à la Bible. Ce qu'il a senti s'est manifesté dans ses photos. Elles sont extraordinaires.

HW: On va les montrer, en lien avec ton œuvre, à Venise.

EA: C'est une merveille. Je trouve qu'elles font partie des plus belles photos que j'ai jamais vues. Elles sont exceptionnelles. Le sacré qui plane sur tout ça, Fouad l'a transmis dans ses photos.

HW: Je vais aussi montrer un film sur les oliviers. On a filmé les oliviers de nuit, sous une tempête de neige. On entend la neige, la pluie, le vent. Tu parles beaucoup de la lumière quand tu parles des oliviers.

EA: C'est normal parce qu'ils ont cette lumière argentée qui donne l'impression, quand un champ d'oliviers arrive à la mer, que c'est la mer elle-même qui continue et qui monte. C'est ce que j'ai vu à Delphes. Il y a toute une colline d'oliviers qui finit sur le golfe de Corinthe et qui m'a donné l'impression que la Méditerranée montait jusqu'au temple. C'est extraordinaire.

EA: A thing that's complete in itself.

HW: You've called your work, *Olivéa, hommage à la déesse de l'olivier.*

EA: Yes, we created this goddess. There is a goddess of olive trees, of this tree. I invented her, but if goddesses exist, she exists. I also really like the associated legends, the fact that the peasants believe that the bird who brought the olive branch marking the end of the Flood, the return of life and of peace – the local peasants believed this branch was taken from that exact spot.

HW: Yes, that's what the villagers relate. Fouad Elkoury photographed those olive trees. Have you seen his 16 photos? The coincidence is that there are exactly the same number of olive trees on that site as the ones you painted.

EA: Fouad captured the idea of the sacred, that these olive trees are linked to the Bible. What he felt shows in his photos. They're extraordinary.

HW: We're going to show them In Venice, in connection with your work.

EA: Wonderful. I think they're some of the most beautiful photos I've ever seen. They're outstanding. The sacred hovering over all that – Fouad has conveyed it in his photos.

HW: I'm also going to show a film about the olive trees. We filmed the trees at night, in a snowstorm. You can hear the snow, the rain, the wind. You talk a lot about light when you talk about olive trees.

EA: That's only natural because they have this silvery light that gives the impression, when a field of olive trees goes all the way to the sea, that's it's the sea itself continuing on and rising up. That's what I saw at Delphi. There's a whole hill of olive trees there that ends in the Gulf of Corinth, and it looked to me like the Mediterranean rose all the way up to the temple. It's extraordinary.

August 4, 2020, 6:08 p.m.

WHAT HAPPENS

CE QUI ARRIVE

4 août 2020, 18h08

« Comme tous les accidents,
du plus banal au plus tragique,
des catastrophes naturelles
aux sinistres industriels et chimiques,
mais aussi l'accident heureux,
du coup de chance au coup de foudre.
L'accident, c'est la surprise.
L'effet de sidération.
Ce qui survient inopinément.
Ce qui arrive. »

"Like all accidents,
from the most commonplace
to the most tragic,
from natural catastrophies
to industrial and chemical
disasters,
but also the happy accident,
from the stroke of luck
to love at first sight.
An accident is a surprise.
A stunning effect.
What occurs
unexpectedly.
What happens."

Paul Virilio

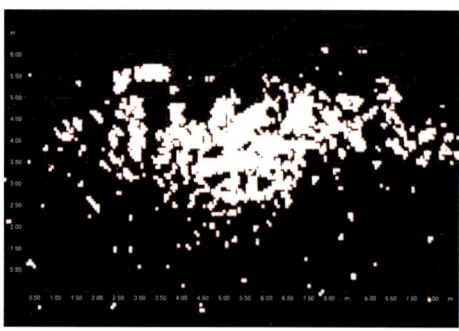
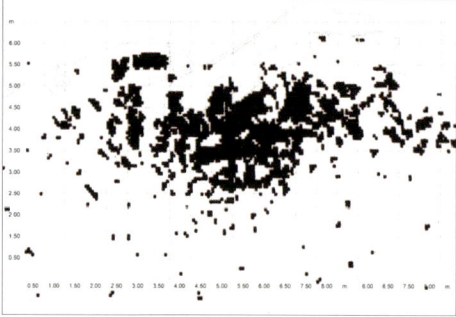

EXTRACTIONS GRAPHIQUES DES ZONES DÉTRUITES
GRAPHIC EXTRACTION OF DESTROYED AREAS

4 AOÛT 2020, 18 H 08. EXPLOSION DU PORT DE BEYROUTH. EXTRAIT DE *THE BEIRUT PORT EXPLOSION* (FORENSIC ARCHITECTURE).
AUGUST 4, 2020, 6:08 P.M., BEIRUT HARBOUR EXPLOSION (FORENSIC ARCHITECTURE).

4 AOÛT 2020, 18 H 08
AUGUST 4, 2020, 6.08 P.M.

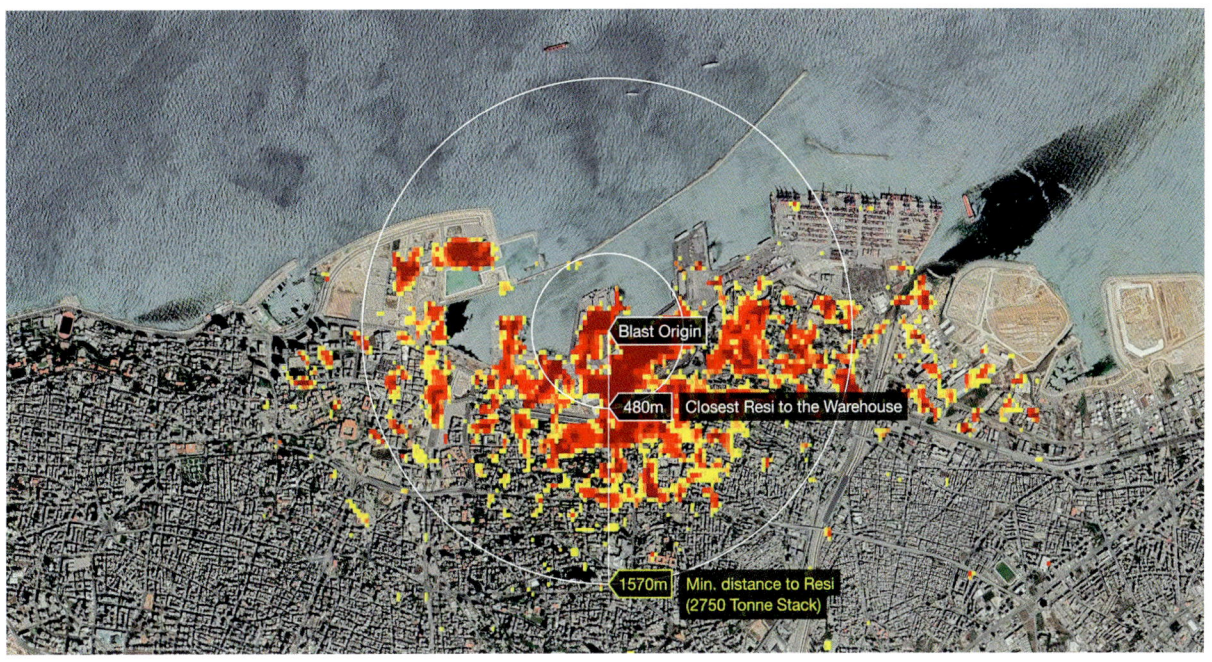

EXPLOSION DU PORT DE BEYROUTH, LE 4 AOÛT 2020. VUE SATELLITE DE L'IMPACT DE LA ZONE DÉTRUITE (FORENSIC ARCHITECTURE)
EXPLOSION OF THE PORT OF BEIRUT, AUGUST 4, 2020, SATELLITE VIEW OF THE IMPACT OF THE DESTROYED AREA

LE SILENCE DE VIVRE
THE SILENCE OF LIVING
Dominique Eddé
Pour For Etel Adnan & Hala Wardé

Un fragment de seconde aura suffi le 4 août 2020 pour renverser la ville de Beyrouth, la casser dans un bruit d'enfer. Le lendemain, la beauté du ciel a plané au-dessus de l'horreur. Un immense vide s'est produit à la racine des mots. Un silence sans voix, sans toit, sans parois. Un silence privé de lui-même. Le tympan crevé de la vie. Contrairement aux arbres, les gens qui sont restés debout sont tombés à genoux. Ils cherchent encore leurs mots. Certains mettent leurs mémoires de côté, d'autres s'accrochent incrédules aux débris du passé. Ils découvrent ahuris que la vérité est devenue explosive. Qu'il faut même l'éviter pour survivre. Ils sont arrivés au sommet de la défaite. Le désastre n'est pas la mort, c'est la vie qui rompt avec elle-même. La lumière ou la neige qui tombent indifférentes sur des oliviers millénaires n'incarnent ni la vie ni la mort. Elles incarnent simplement l'envers du carnage. L'endroit par où l'espèce peut renouer avec elle-même.
Le silence de la vie s'entend à la respiration, au bruit du feu, à la page d'un livre qui se tourne. C'est presque un lieu. Il est au mouvement de la pensée ce que l'ombre est à la lumière. Il épaissit l'instant, il le double. Il retient le temps à l'intérieur du temps. Il nous offre la possibilité alternée de commencer et de poursuivre. Il ne tranche pas. Il met de l'horizon dans l'être. Il est le contraire absolu de l'absence de bruit qui succède à l'horreur. Depuis que le temps, dopé par la technologie, a pris l'espace de court, s'en est coupé, séparé, le silence a perdu des deux : il a perdu de son temps et de son espace. Il a perdu de son calme. Pour peu qu'il le retrouve, on le sent. On retient son souffle pour mieux l'entendre.

La nature aussi a perdu de son territoire. Attaquée de partout, elle résiste. Elle entretient des lieux où l'espace et le temps restent unis comme un œil au regard. Qu'ils soient sociaux ou solitaires, les réseaux de la résistance sont désormais des îles voyageuses : des fabriques de liens entre dedans et dehors,

It took just a split second on 4 August 2020 for the city of Beirut to be shattered by an infernal blast. The following day, the beauty of the sky lingered over the devastation. An immense void uprooted words. A silence with no voice, no roof, no walls. A silence dispossessed. The burst eardrum of life. Unlike the trees, the people left standing fell to their knees. They were still trying to find their words. Some set their memories aside, others clung with disbelief to the debris of the past. They were horrified to discover that the truth had become explosive. That it was better to avoid it in order to survive. They had reached the depths of defeat. Disaster is not death, it is life breaking away from itself. The light or the snow that fall indifferently on ancient olive trees embody neither life nor death. They embody simply the opposite of carnage. The means by which the species can regenerate itself.
The silence of life can be heard in breathing, the crackle of fire, the rustle of a page turning. It is almost a place. It is to the movement of thought what darkness is to light. It deepens the moment, echoes it. It keeps time within time. It offers us the alternate possibility of starting and keeping going. It does not judge. It sets a horizon. It is the absolute contrary of the absence of noise that follows devastation. Ever since time, stimulated by technology, caught space off-guard, cut itself off, separated itself from it, silence lost both: it lost space and time. It lost its stillness. Should it regain them, we will sense it. We hold our breath better to hear it.
Nature too has lost its dominion. Attacked from all sides, it resists. It preserves places where space and time remain wedded like an eye to the gaze. Resistance networks - whether social or solitary - are now nomadic islands: forgers of links between inside and outside, past and future, here and there. The self and the other. Wherever rebellions are determined to root out and cut down lies, on a small scale, continuously,

hier et demain, ici et là-bas. Soi et l'autre. Là où les révoltés s'entêtent à saper le mensonge, à le scier à petite échelle, en continu, en artisans. Là où le silence s'écoute avant d'être rompu. Là où il ne s'agit pas de choisir entre nature et culture mais de liguer les deux contre la barbarie. Puisqu'il y a dans l'espèce humaine autant de mains tendues qu'il y a de murs dressés par la haine, il n'est pas interdit de rêver qu'un jour les unes détruiront les autres. Un rêve n'est pas fait pour tenir une promesse, il est fait pour être rêvé. Peu importe qu'il soit impossible, ce qui importe c'est de l'arroser chaque fois qu'il menace de sécher comme font les prisonniers dont l'âme augmente au fur et à mesure qu'on les tient enfermés. Tant que l'imagination échappera aux griffes de la réalité, elle gardera le pouvoir supérieur de la solitude. C'est sous son toit que l'avenir peut échapper au sort qu'on lui prépare.

Du tout petit son de la feuille qui se détache de l'arbre et qui tombe jusqu'au fracas de la bombe, le silence, pour finir, se mesure à ce qui l'étoffe ou le brise. Dans la nature il respire. C'est le même qu'on retrouve dans certaines œuvres d'art. Il les anime pendant qu'elles se créent puis il s'installe à jamais au même titre qu'une couleur ou un mot. Cet instant qui dure est le nid provisoire de l'éternité, le territoire du désir. À quoi sert le désir ? demandait-on à un brahmane. À entretenir la patine du monde, répondait-il. « Et le silence à quoi sert-il ? » Je dirais : à entretenir le désir. Et le désir ? À entretenir le mouvement de la vie. Et vivre ? À apprendre à mourir. Et mourir ? À apprendre à vivre. Et les deux puisqu'ils sont indissociables ? À mesurer notre ignorance, à la partager, à en conserver le mystère. Et le plus précieux des mystères ? L'amour. Et l'histoire de l'amour ? Comme l'histoire du silence, elle ne s'écrit pas, elle s'efface, elle se vit, elle se meurt, elle engendre. Elle se tait. C'est son immense et terrible beauté.

artisan fashion. Wherever silence is heard before being broken. Wherever it is not a matter of choosing between nature and culture but of harnessing both against barbarism. Because there are as many human hands outstretched as there are walls erected by hatred, it is permitted to dream that one day those hands will destroy those walls. A dream is not made to keep a promise, it is made to be dreamed. Little does it matter that it is impossible, but what does matter is to irrigate it each time it risks drying up, as do some detainees whose souls grow the longer they are kept imprisoned. So long as the imagination escapes the clutches of reality, it will preserve the superior power of solitude. It is beneath the roof of solitude that the future can avoid the fate that is marked out for it.

From the faintest sound of the leaf falling from the tree to the roar of a bomb blast, silence, ultimately, is measured by what fills or breaks it. In nature it breathes. It is the same silence that is found in some works of art. It brings them to life as they are created and then becomes part of them for ever, in the same way as a colour or a word. That everlasting moment is the temporary nest of eternity, the territory of desire. 'What is the purpose of desire?' a Brahmin was asked. 'It maintains the patina of the world,' he replied. 'And what is the purpose of silence?' I would say: it maintains desire. What about desire? It maintains the pulse of life. And living? To learn how to die. And dying? To learn how to live. And both, since they are inextricably linked? To measure our ignorance, to share it, to preserve its mystery. And the most precious of mysteries? Love. And the history of love? Like the history of silence, it is not written, it is erased, it is lived, it dies, it reproduces. It is silent. That is its immense and terrible beauty.

DOMINIQUE EDDÉ, *L'ARBRE DE CENDRE*, 12x12 cm, 2021

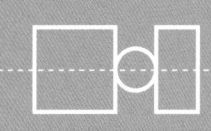

LES ANTIFORMES
THE ANTIFORMS

S'il y a bien
un aspect inconnu
dans l'œuvre de
Paul Virilio,
c'est la peinture.
Une peinture
que dévoile
pour la première fois
Hala Wardé
dans *A Roof for Silence*,
le pavillon libanais
qu'elle a conçu
pour la Biennale
d'Architecture
de Venise 2021.

If there is one
aspect of the work
of Paul Virilio that
is unknown, it is
surely his painting.
Painting that Hala
Wardé is unveiling
for the first time in
A Roof for Silence,
the Lebanese
Pavilion she has
created for the 2021
Venice Biennale of
Architecture.

INCERTAIN VIDE
UNCERTAIN VOID
Sophie Virilio

Virilio nomme ses huiles sur toile, les **ANTIFORMES**.
Entre la forme et les *Antiformes*, il y a une **DISPARITION**. Nous sommes le 16 septembre 1943, il est 16 h 35, à la verticale de Nantes, les bombardiers alliés larguent 600 bombes. La ville **CHAVIRE, S'EFFACE**. Elle est devenue métastable. Plus d'alignements de façades, de rues, de places, de perspectives… Le décor urbain a laissé place au ciel, à la **TRANSPARENCE**, au vide. Paul Virilio n'est qu'un enfant mais il n'oubliera rien. Pour lui, la peinture est un questionnement. De la même façon que l'écriture est interrogation avant d'être discours.

« … *ceux qui lisent la transparence savent bien que rien n'est inanimé, que tout se meut, que tout bouge, sans cesse, que le sens circule comme le sang dans les veines, dans les choses, dans les formes…* », écrit-il dans ses carnets.

Il pose les objets les plus banals sur le parquet. Questionne leur agencement. Cherche… « … *la richesse de ce qui ne paraît pas, la vie de ce qui semble absent* ». « *J'ai parlé depuis d'infra-ordinaire, c'est cela même dont il s'agissait déjà, mais s'agissait-il de peinture ?* » L'appartement sent la térébenthine. Quand il ne travaille pas à la maison ou à l'atelier, chevalet et toiles s'empilent à l'arrière du « Ranch », une station wagon qui sert aussi au transport des vitraux. Un autre questionnement sur la transparence. En 1958, sa vision diverge, elle glisse sur le côté. « *Soudain, devant moi, des nouveaux objets sont apparus. Des figures bizarrement découpées, encochées, un ensemble d'articulations est soudain devenu visible. C'était comme une végétation inconnue qui proliférait autour de moi.* »

C'est la naissance des *Antiformes*. Dix ans durant, Virilio explorera ces intervalles entre les choses, ces Entre-deux, Entre quatre… Avant de se tourner vers le territoire et son architecture. Tout est lié. Tout est lien. Comme ces tableaux le sont à ces **OLIVIERS CRYPTIQUES** millénaires mis en scène par Hala Wardé. Comme cette exposition projetée par Virilio en 2018 et son titre **INCERTAIN VIDE**.

Virilo names these oils on canvas, **ANTIFORMS**.
Between form and the Antiforms, there is a **DISAPPEARANCE**. The date is september 16, 1943, the time is 4:35 in the afternoon, directly over Nantes, allied bombers drop 600 bombs. The town is **SHATTERED, ERASED**. It has become metastable. No more rows of façades, streets, squares, perspectives… The urban decor has given way to the sky, to **TRANSPARENCE**, to emptiness. Paul Virilio is just a child but he will never forget any of it. For him, painting is a kind of questioning. The same way that writing is an inquiry before it becomes discourse.

'…*those who can read transparence are well aware that nothing is inanimate, that everything moves, that everything stirs, constantly, that meaning circulates like blood in veins, in things, in forms…*', he writes in his notebooks.

He places the most everyday objects on the parquet floor. Questions their arrangement. Looks for 'the richness of whatever doesn't appear, the life in what seems to be absent'. 'I've spoken since then about the infra-ordinary, that was already what it was all about, but was it painting?'

The apartment smells of turpentine. When he's not working at home or in the studio, easels and canvases pile up in the back of the 'Ranch', a station-wagon which is also used to transport stained-glass windows. A different form of questioning transparence. In 1958, his vision diverges, it slides to the side. '*Suddenly, right in front of me, new objects appeared. Figures, bizarrely cut-out, notched, a whole set of articulations suddenly became visible. It was as if some unknown vegetation was proliferating around me.*'

It's the birth of the *Antiforms*. For ten whole years, Virilio would explore these spaces between things, these interspaces between two, even four, things… before turning to the issue of the territory and its architecture. Everything is linked. Everything is a link. Like these paintings that are linked to these **CRYPTIC OLIVE TREES** thousands of years old, put on show by Hala Wardé. Like this expo planned by Virilio in 2018 and its title, **UNCERTAIN EMPTINESS**.

ANTIFORMES, SÉRIE DE TABLEAUX, ANTIFORMS, SERIES OF PAINTINGS. PAUL VIRILIO, 1960-1962.

ANTIFORMES, SÉRIE DE TABLEAUX, *ANTIFORMS*, SERIES OF PAINTINGS, PAUL VIRILIO, 1960-1962.

ANTIFORMES, SÉRIE DE TABLEAUX, *ANTIFORMS*, SERIES OF PAINTINGS, PAUL VIRILIO, 1960-1962.

> Là, où il y a, un objet sensible, être ou chose, l'espace n'est plus, nous lui retirons un volume, par la même nous lui donnons une forme :
>
> l'Antiforme.

EXTRAITS DES CARNETS I ET II DE PAUL VIRILIO EXCERPTS FROM PAUL VIRILIO'S NOTEBOOKS I AND II © FONDS SOPHIE VIRILIO

WHEREVER THERE IS A PERCEPTIBLE OBJECT,
WHETHER A BEING OR A THING,
SPACE IS NO MORE,
WE TAKE A VOLUME OUT OF IT, AND IN SO DOING,
WE GIVE IT A FORM: THE ANTIFORM

J'ai toujours été attiré par l'inanimé, par ce mouvement sur place.
L'inanimation, c'est le terme abusif employé par ceux qui ne lisent que l'apparence ;
ceux qui remarquent aussi la transparence savent bien que rien n'est immobile,
que tout se meut, que tout bouge sans cesse, que le sens circule comme le sang dans les veines,
dans les choses, dans les formes de l'objet froid. [...]

I've always been drawn by the inanimate, by movement on the spot.
Lifelessness is a term of abuse used by people who only see appearances;
those who also notice transparences are well aware that nothing is immobile,
that everything moves, everything stirs constantly, that meaning circulates like blood in veins,
in things, in the forms taken by cold objects

LES ANTIFORMES
ANTIFORMS
Paul Virilio

« Il n'y a, certainement, pas un peintre qui soit moins "bohème" que moi.
Regarder inlassablement deux ou trois objets sans intérêt, dont la position seule risque de révéler quelque chose,
et qui généralement, ne révèle rien que je ne connaisse déjà, attendre toujours,
s'habituer à cette vacance, à ce silence, s'engourdir d'absence pour un jour apercevoir en un éclair.
Voilà ce que je suis, résister à la puissance du rien, ne jamais vouloir ou croire au néant,
malgré sa pesanteur, à cause peut-être de sa pesanteur.
L'enjeu d'organicité, comme le dessin d'un muscle, quand l'Antiforme se révèle. »

'No painter, surely, could be less «bohemian» than I am.
Gazing tirelessly at two or three objects of no interest, whose position alone risks revealing something,
but doesn't generally reveal anything I don't already know, always waiting, getting used to this vacancy,
to this silence, going numb with absence just to one day see in a flash.
That's who I am, withstanding the power of nothing, never wanting or believing in nothingness,
despite its gravity, maybe because of its gravity.
The stakes of organicity, like the outline of a muscle, when an Antiform reveals itself.'

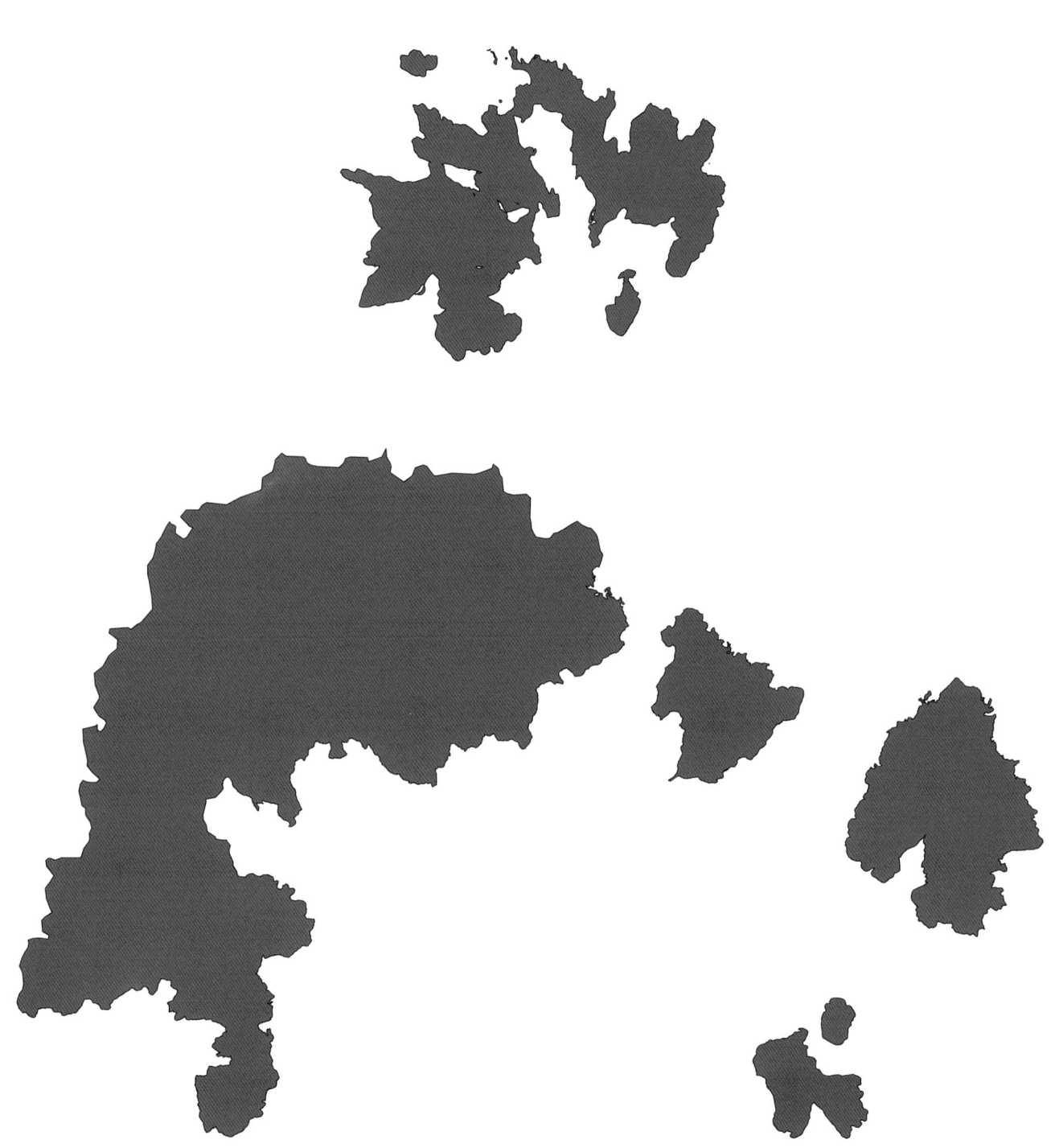

COUPE PHOTOGRAMMÉTRIQUE D'UN OLIVIER DE BCHAALEH PHOTOGRAMMETRIC SECTION OF AN OLIVE TREE IN BCHAALEH

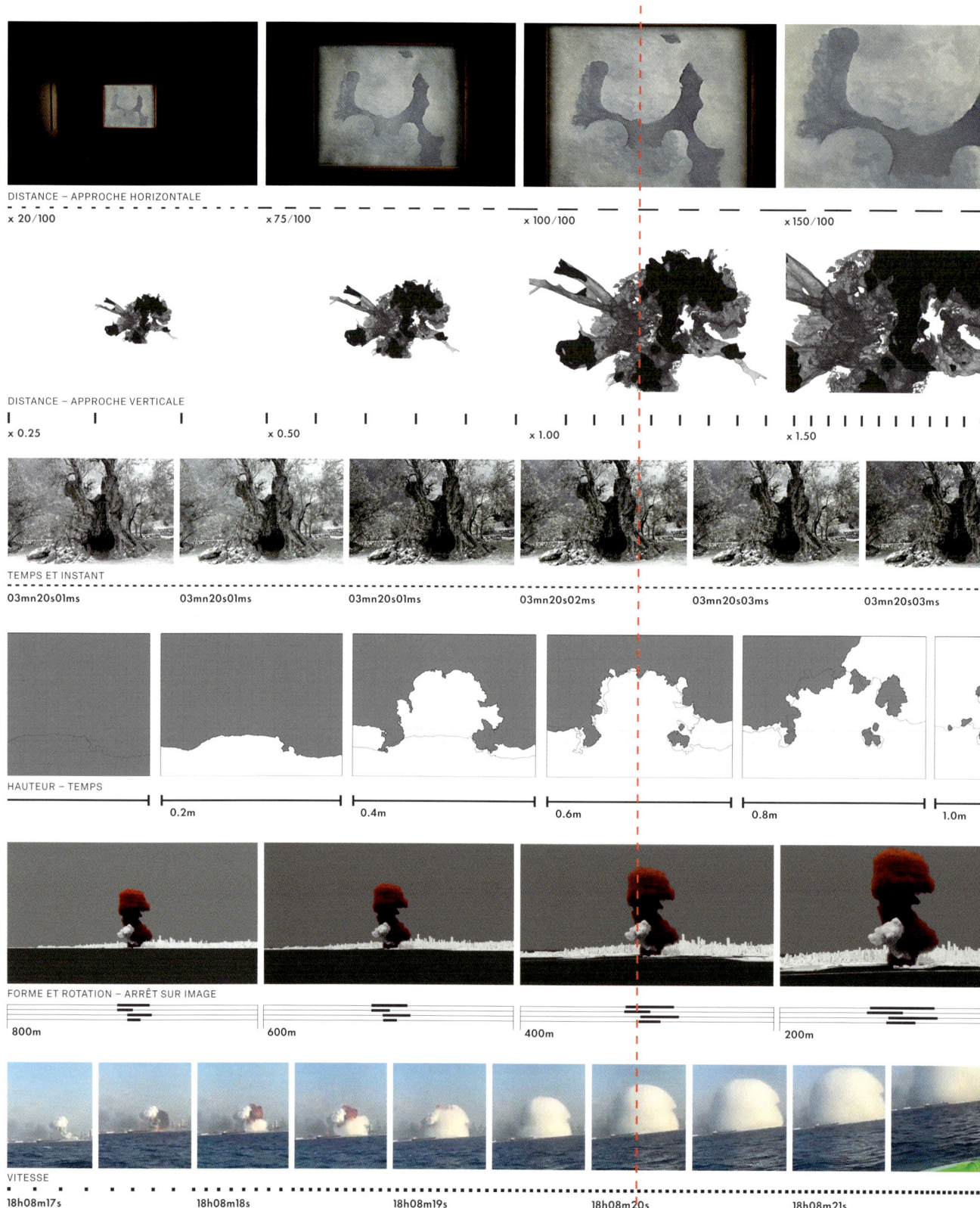

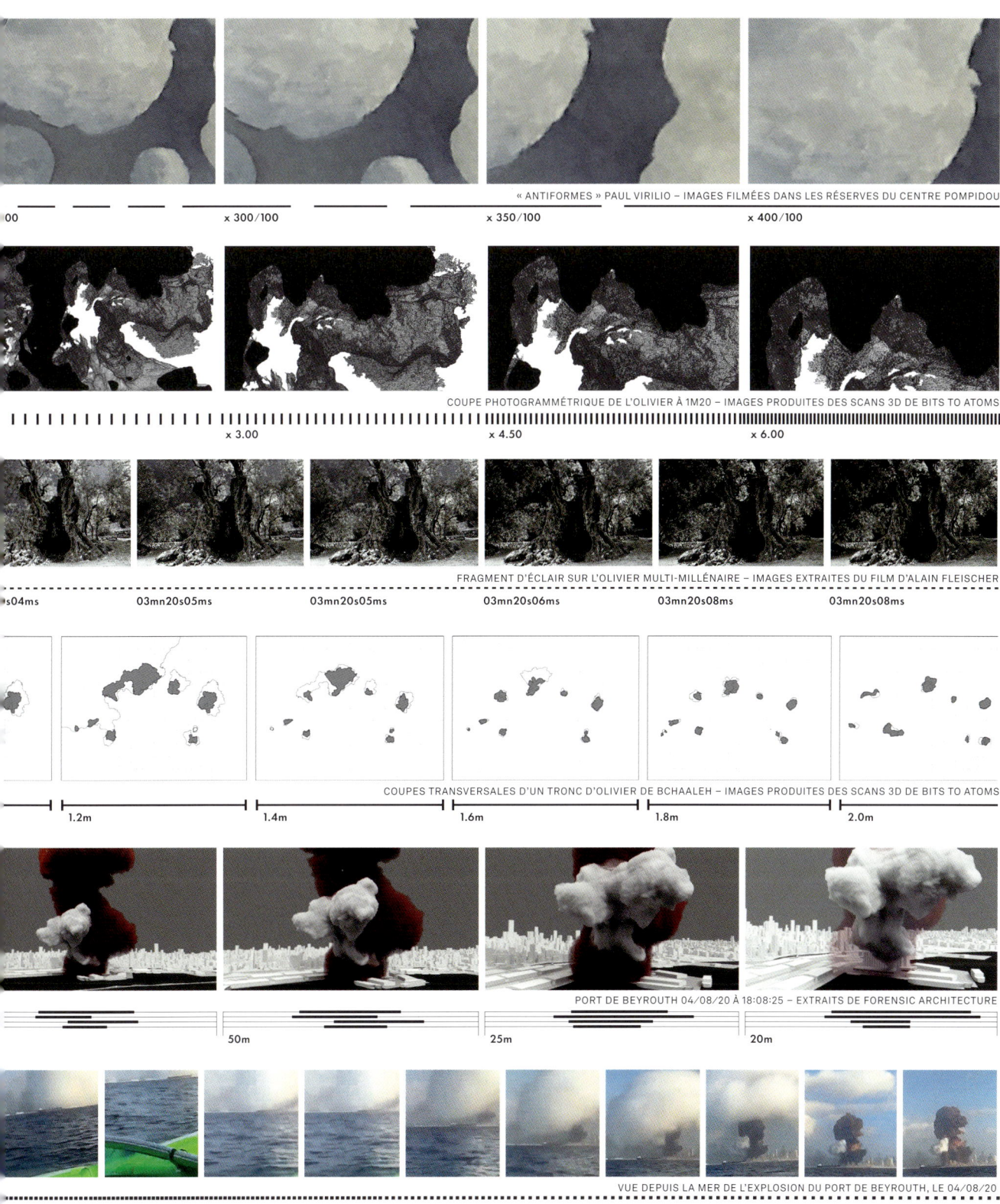

« ANTIFORMES » PAUL VIRILIO – IMAGES FILMÉES DANS LES RÉSERVES DU CENTRE POMPIDOU

COUPE PHOTOGRAMMÉTRIQUE DE L'OLIVIER À 1M20 – IMAGES PRODUITES DES SCANS 3D DE BITS TO ATOMS

FRAGMENT D'ÉCLAIR SUR L'OLIVIER MULTI-MILLÉNAIRE – IMAGES EXTRAITES DU FILM D'ALAIN FLEISCHER

COUPES TRANSVERSALES D'UN TRONC D'OLIVIER DE BCHAALEH – IMAGES PRODUITES DES SCANS 3D DE BITS TO ATOMS

PORT DE BEYROUTH 04/08/20 À 18:08:25 – EXTRAITS DE FORENSIC ARCHITECTURE

VUE DEPUIS LA MER DE L'EXPLOSION DU PORT DE BEYROUTH, LE 04/08/20

TEMPS LONG, TEMPS COURT, INSTANT LONG TIME, SHORT TIME, INSTANT

DÉFLAGRATION BLAST

ANTIFORME ANTIFORM

PHOTOGRAMMÉTRIE PHOTOGRAMMETRY

LETTRE À HALA
LETTER TO HALA
Thierry Paquot

Ma chère Hala,

Dans le Pavillon libanais de cette biennale d'architecture à Venise, contrariée par le coronavirus, tu exposes quelques tableaux de Paul Virilio, de sa série les *Antiformes*, que tu associes aux oliviers, tels que les représente Etel Adnan, le tout assemblé dans une pièce toute en longueur, marquée par des vides qui ressemblent à des silences. Paul, « enfant de la guerre », comme il aimait se présenter, après une formation de maître verrier et des premières collaborations avec Matisse et Braque, poursuit sa formation théorique en lisant abondamment. Il absorbe tout : Bergson, Merleau-Ponty, Husserl, Camus, de Broglie et aussi Paul Guillaume qui s'apparente à la *Gestalttheorie*. Pour cette conception de la perception et de la représentation le tout est supérieur à la somme des parties, ainsi l'eau est-elle plus que de l'oxygène et de l'hydrogène. Il s'agit également de distinguer la figure du fond comme dans « le vase de Rubin », ce psychologue danois qui dessine des formes équivoques. Paul Virilio, lecteur de Paul Guillaume entreprend de peindre des formes abstraites séparées par des vides, qui ne sont que la présence de la matière absente. À bien regarder ces gouaches, on croirait voir l'agrandissement de plaques de verre glissées sous l'optique d'un microscope. On s'attend même à les voir bouger… J'y vois aussi bien des enzymes que des biomolécules et pourquoi pas des protozoaires ? Ces formes sans qualité ressemblent aux pièces d'un puzzle certainement incomplet et peut-être même impossible à réaliser en entier… Ces *Antiformes* ont des couleurs d'encres hugoliennes et une géométrie architecturale, telle celle des plans-de-masse, que Paul Virilio ne découvrira que plus tard, en travaillant avec Claude Parent. Là alors seulement, il établira un lien entre

My Dear Hala,

In the Lebanese Pavilion at this year's Venice Architecture Biennale, disrupted by the coronavirus, you show a few paintings of Paul Virilio's, from his *Antiforms* series, which you put with olive trees, as Etel Adnan represents them, the whole thing assembled in one long, narrow room marked by empty spaces that are like silences. Paul, 'a child of the war', as he liked to present himself, after training formally as a master glassworker and collaborating early on with Matisse and Braque, pursued his theoretical apprenticeship by reading massively. He absorbed everything: Bergson, Merleau-Ponty, Husserl, Camus, de Broglie, and also Paul Guillaume, who was associated with *Gestalttheorie*. In that notion of perception and representation, the whole is superior to the sum of the parts, and so water is more than hydrogen and oxygen. The theory also distinguishes the figure from the background, as in 'Rubin's Vase', after the Danish psychologist who drew ambiguous forms. Paul Virilio, reader of Paul Guillaume, undertook to paint abstract forms separated by empty spaces that are merely the presence of absent matter. Looking closely at these gouaches, we feel like we're looking at enlarged images of glass slides viewed through the lens of a microscope. We even expect to see them move… I see enzymes in them as well as biomolecules or even protozoa – why not? These featureless forms look like pieces of a puzzle not yet completed or that may never be able to be realized completely… These *Antiforms* have the colours of Hugolian inks and the kind of architectural geometry you get in site plans, which Virilio was only to discover later, when he worked with Claude Parent. Only then did he establish a link between his *Antiforms* and 'space', that ever-malleable form that

ses *Antiformes* et l'« espace », cette forme toujours malléable, que l'on déforme alors même qu'elle nous informe… La physique le passionne, la matière l'intrigue, la forme lui permet de rendre visible l'invisible. En isolant ses *Antiformes* dans du vide, il rompt avec la continuité que chérit la raison pour privilégier le mouvement et la prolifération, anticipant la vision rhizomique de Deleuze et Guattari. Très vite, Paul Virilio combine l'espace et le temps, il les pense ensemble à l'aune du déploiement technologique qui les désolidarise. Ainsi le temps ne mesure plus l'espace à parcourir, il se fait instantanéité et ce faisant nie la distance… La géographie se meurt et le temps s'homogénéise dans la quête de la vitesse qui ne brigue que l'accélération.

Ton exposition se situe juste avant ce constat. Tu résistes, d'une certaine manière, à cette subordination de l'espace au temps, en choisissant de montrer des *Antiformes* et des représentations d'oliviers. En les montrant que veux-tu démontrer ? Certainement que le vide n'est pas seulement le contraire du plein, il a sa vie propre, sa vacuité et il peut exprimer aussi bien la liberté, la vacance, que la folie (« avoir une case de vide »), la fatigue (« je suis vidé », « j'ai un passage à vide »), l'isolement (« il a fait le vide autour de lui »), l'action de sortir (« tu vas vider les lieux ! »), de ne pas faire de cadeau (« il est venu les mains vides »), etc. Le vide chez Paul participe au plein, il lui donne de l'air, le fait advenir, en conditionne l'expression. Un peu comme le silence qui révèle le son. Le silence correspond à l'absence de bruit ou de paroles. L'on pourrait associer le vide au silence puisque l'un comme l'autre joue sur la disparition de quelque chose, un quelque chose qui remplit, ici le vide, là le silence. Ce qui remplit est alors gommé, il disparaît, mais son empreinte demeure, comme en creux. Il s'agit bien d'une absence qui est virtuellement présente ce qui laisse augurer de sa future présence.

Et l'olivier, me demanderas-tu ? La colombe qui vient se poser sur l'arche d'alliance de Noé, après le Déluge, tient dans son bec un rameau d'olivier, signe de la miséricorde divine. La

we deform even as it informs us… Physics fascinated him, matter intrigued him, form allowed him to make the invisible visible. By isolating his *Antiforms* in a void, he broke with the continuity cherished by reason to favour instead movement and proliferation, thereby anticipating the rhizomic vision of Deleuze and Guattari. Very quickly Virilio started combining space and time, he thought of them together in light of the deployment of technology that disconnected them. And so time no longer measures the space to be travelled but turns into instanteneity and, in so doing, negates distance… Geography dies and time homogenises in the quest for a speed that seeks only acceleration.

Your exhibition places itself just this side of that finding. You resist, in a way, this subordination of space to time, by choosing to show *Antiforms* as well as representations of olive trees. What point do you want to make in the showing of them? Of course the empty is not just the opposite of the full, it has its own life, its vacuity, and it can express freedom or vacancy just as much as madness ('not being all there'), tiredness ('I'm drained', 'I'm running on empty'), isolation ('he drove everyone away'), the act of getting out ('vacating the premises'), of not giving presents ('he came empty-handed'), etc. With Paul, the empty contributes to the full, it gives it oxygen, makes it happen, influences the way it's expressed. A bit like the silence that reveals sound. Silence corresponds to an absence of noise or words. We could associate emptiness with silence, since both play on the disappearance of something, some thing that fills the void, here, the silence, there. What fills is then erased, disappears, but its imprint remains, like a background, a hollow space. We are clearly dealing with an absence that is virtually present, and this suggests its future presence.

What about the olive tree, you ask, the dove that came and landed on Noah's Ark of the Covenant, after the Flood, holding an olive branch in its beak as a sign of divine mercy. The goddess Athena is said to be responsible for the first

déesse Athéna serait à l'origine du premier olivier planté sur l'Acropole, manifestation de sa victoire sur Poséidon et signe de prospérité. Chez les Romains, Minerve, déesse des artisans, mais aussi de la sagesse, leur offre cet arbre apprécié de tous. Il est vrai que son bois sert à toute sorte de fabrication — la croix du Christ serait en bois d'olivier et en cèdre — et que son huile participe aussi bien aux soins du corps qu'à la cuisine… Le verset 35 de la sourate 24 du Coran dit : « Dieu est la lumière des cieux et de la terre. Cette lumière ressemble à un flambeau, à un flambeau placé dans un cristal, cristal semblable à une étoile brillante ; ce flambeau s'allume de l'huile de l'arbre béni, de cet olivier qui n'est ni de l'Orient ni de l'Occident, et dont l'huile semble s'allumer sans que le feu n'y touche. C'est une lumière sur une lumière. Dieu conduit vers sa lumière celui qu'il veut, et propose aux hommes des paraboles ; car il connaît tout. » Dans le bassin méditerranéen, les trois religions monothéistes attribuent à l'olivier une dimension sacrée. Il est vrai que c'est un arbre, aux nombreuses espèces, d'où une grande variété d'olives, qui relève des cultures culinaires locales, mais aussi des rites et cérémonies religieuses. Il concerne tout habitant qui le reconnaît entre mille ! Noué, torsadé, torturé même, cet arbre qui vieillit lentement, s'avère presque parent des humains…

Si je récapitule, tu regroupes plusieurs déclinaisons localisées d'un arbre respecté au Liban, comme dans toute la région méditerranéenne, des vides qui n'expriment pas le rien, mais lui attribue la source de la créativité, des silences éloquents et des Antiformes. L'on peut dire que l'olivier témoigne d'une géohistoire longue malgré les guerres qui déchirent les communautés et malgré les catastrophes plus ou moins naturelles qui détruisent les villes et les campagnes, comme les tremblements de terre, les inondations, les incendies. L'olivier représenterait la continuité du vivant — Pline l'Ancien évoque un olivier âgé de plus de 1600 ans ! —, son écorce crevassée et son tronc noueux sont comme les preuves dans sa chair des maux endurés qu'il a pu

olive tree planted on the Acropolis, a manifestation of her victory over Poseidon and a sign of prosperity and triumph. With the Romans, Minerva, goddess of artisans, but also of wisdom, offered them this tree, esteemed by all. It's true that its wood serves for all sorts of workmanship – Christ's Cross is said to have been made of olive wood and cedar wood – and that its oil is an essential ingredient in skin care as well as in cooking… Verse 35 of surah 24 in the Qur'an says: "God is the Light of the heavens and the earth; the likeness of His Light is as a niche wherein is a lamp (the lamp in a glass, the glass as it were a glittering star) kindled from a Blessed Tree, an olive that is neither of the East nor of the West whose oil wellnigh would shine, even if no fire touched it; Light upon Light; (God guides to His Light whom He will.) (And God strikes similitudes for men) (And God has knowledge of everything.)"*

In the Mediterranean Basin, the three monotheist religions see the olive tree as having a sacred dimension. It's true that it's a tree, with numerous species, hence the great variety of olives, that is part and parcel of local culinary cultures, but also of religious rites and ceremonies. It affects every person who lives there and who would know it anywhere! Gnarled, twisted, even tortured, this tree that ages slowly turns out to be almost like human beings…

To sum up, if I may, you bring together several different localised varieties of a tree respected in Lebanon, and in the whole Mediterranean region, empty spaces that don't express nothingness but see it as the source of creativity, of eloquent silences and *Antiforms*. We could say that the olive tree bears witness to a long geography-history, despite the wars that have torn communities apart and despite the more or less natural disasters that have destroyed towns and countrysides, disasters such as earthquakes, floods, and fires. The olive tree represents the continuity of the living – Pliny the Elder talks about an olive tree over 1600 years old! Its fissured bark and knotty trunk are like evidence in its flesh of the ills endured that it has managed to overcome. Silence

* [THE KORAN, OUP, 1964, TR. ARTHUR J. ASHBERRY]

surmonter. Le silence est un appel à l'écoute, une disposition à la disponibilité envers autrui. Les Antiformes ne sont nullement la négation de la forme, mais une sorte d'attente d'une forme en train de se former, elles sont les annonciateurs — Paul Virilio dirait qu'elles sont « révélationnaires » — d'un advenir. Ce qui advient ne résultant pas nécessairement de ce qui précède… Quant au vide, il relie les pleins informels et donne sens à ce qui n'était que la promesse d'une espérance.

Chère Hala, ton exposition, à mes yeux, sans en avoir parlé avec toi, est un appel à la paix sans cesse contrecarrée par le trop-plein de tout, le bruyant, le formalisé, les troncs lisses, la paix entre le vivant et les humains, la paix entre les arts, la paix entre les arbres, la paix entre les paroles qui ne disent rien et les silences qui en disent beaucoup… C'est certainement parce que tu viens du Liban que tu recherches la paix ? La paix intérieure de celles et ceux qui à travers un long travail sur eux-mêmes en arrivent à maîtriser toute colère inutile, toute agressivité méchante, toute domination de l'autre, toute hostilité destructrice. C'est certainement parce que tu es architecte que tu édifies la paix en bâtissant la demeure des mortels. C'est certainement parce que tu es une femme, que tu déclares la paix avec autant de pugnacité que les hommes font la guerre.

Merci à toi,
je t'embrasse,
Thierry (le 15 juin 2020)

is an appeal to listening, a predisposition to being open to others. *Antiforms* are in no way a negation of form, but a sort of expectation of a form in the process of forming; they are harbingers — Virilio would say they are 'revelationary' — of a coming to be. What comes to be not necessarily resulting from what has gone before… As for emptiness, it connects the informal solids and makes sense of what was just the promise of a hope.

Dear Hala, in my eyes and without having talked to you, your exhibition is an appeal for a peace endlessly thwarted by the surplus of everything, the loud, the formalised, the smooth trunks, peace between human beings and living things, peace between the arts, peace between the trees, peace between words that say nothing and silences that say a lot… Surely it's because you come from Lebanon that you seek peace? The inner peace of people who've worked on themselves for a long time and so have come to control all futile anger, all small-minded aggressiveness, all need to dominate others, all destructive hostility. Surely it's because you're an architect that you construct peace by building dwellings for mortals. Surely it's because you're a woman that you declare peace with as much belligerence as men make war.

Thank you.
Love,
Thierry (June 15, 2020)

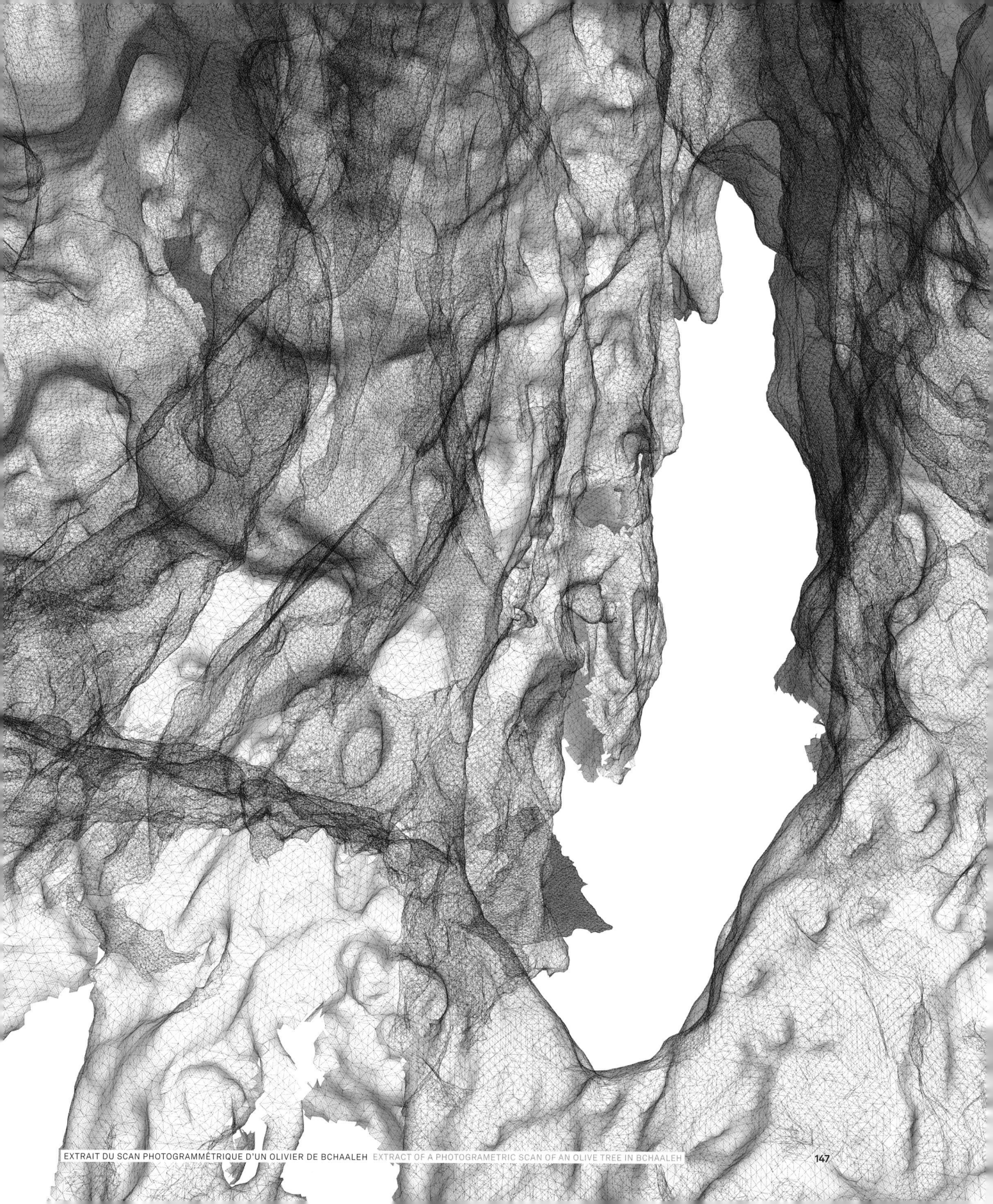

EXTRAIT DU SCAN PHOTOGRAMMÉTRIQUE D'UN OLIVIER DE BCHAALEH   EXTRACT OF A PHOTOGRAMETRIC SCAN OF AN OLIVE TREE IN BCHAALEH

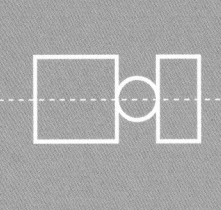

LES OLIVIERS DE BCHAALEH
THE OLIVE TREES OF BCHAALEH

OLIVIERS DE BCHAALEH
OLIVE TREES OF BCHAALEH
Fouad Elkoury

La pancarte, minuscule, que je n'ai pas photographiée, indique qu'il s'agit des plus vieux oliviers du monde, car ils ont plus de 6 000 ans. Dans le village de Bchaaleh, à quelques 50 minutes de Beyrouth, dans la montagne, je prends cette pancarte pour une vulgaire exagération ; on est au Liban, et il est bon ton de battre un record. Pourquoi pas celui des séquoias d'Amérique du Nord, vieux de plus de 3 000 ans ?

Quiconque scruterait ces images, penserait à un magnifique parc dans lequel s'épanouiraient 16 oliviers dont un garde forestier prendrait soin, que les visiteurs de partout viendraient contempler et, cela va de soi, photographier. Il n'en est rien. Les 16 oliviers poussent sur quelque chose qui s'approche plus du terrain vague que du parc, ils sont traversés par une route goudronnée de chaque côté de laquelle sont des poteaux électriques en métal jaune. Entre ces poteaux et les immeubles en béton qui ont été construits au milieu des oliviers, pendouillent des câbles. Des sacs en plastique et des détritus en tous genres jonchent le sol.

Je crois qu'à force de photographier la guerre du Liban avec son cortège d'horreurs, je suis passé maître dans l'art de mentir, de maquiller la vérité, de façon à embellir ce qui est laid, à transformer l'absurde réalité en une imagination fertile, seule capable de combattre les violences.

The tiny placard indicates these are the oldest olive trees in the world. More than 6000 years old. I didn't photograph them. In Bchaaleh village, 50 minutes from Beirut, on top of this mountain, I consider this placard as a gross exaggeration. We are in Lebanon, and it is good form to break a record. Why not the 3000 years old age of north America's sequoias trees?

Examining these images, one could imagine a magnificent park, where 16 olive trees would blossom, taken care by a gardener. Visitors from all over the world would come to contemplate it, and of course take pictures. But it isn't so. The 16 olive trees actually grow on something closer to a wasteland than a park, crossed by a tarred road and surrounded by yellow metallic electric poles. In between these poles and concrete buildings, planted around the olive trees, cables dangle. Plastic trees and detritus of all sorts litter the ground.

I believe by dint of photographing war in Lebanon and its trail of horror, I became a master in the art of lying, making up truth, embellishing what's ugly, transforming the absurd reality into a vivid imagination, the only way of fighting violence.

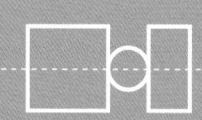

L'INSTALLATION À VENISE

THE INSTALLATION IN VENICE

DORSODURO – FONDAMENTA ZATTERE AI SALONI – MAGAZZINI DEL SALE

LE LIEU
THE SITE
Magazzini del Sale, Venise

Le Pavillon libanais sera installé dans la cinquième allée des fameux Magazzini del Sale à Venise, situés dans le quartier de Dorsoduro, le long des quais des Zattere, à proximité de la Collection Peggy Guggenheim et de la Punta della Dogana abritant la Fondation Pinault. Le Magazzino 5 est mitoyen de la Fondation Vedova, lieu repensé par l'architecte Renzo Piano qui l'a transformé en un musée.

Le complexe, dont la construction remonte au XIVe siècle, est composé de neuf structures parallèles reliées par une façade néoclassique dans laquelle s'ouvrent des arcades. Il pouvait contenir jusqu'à 500 000 quintaux de sel, produit qui a fait la richesse de la république vénitienne jusqu'au XIXe siècle.

La Bucintoro Rowing Society, propriétaire du Magazzino del Sale 5, est l'une des plus anciennes fondations caritatives de Venise, fondée en 1882 dans le but de préserver les traditions vénitiennes de l'aviron. Le terme « bucintoro » faisait à l'origine référence au navire utilisé par le Doge lors de ses déplacements à Venise, mais est désormais associé à pléthore de traditions locales de construction de bateaux et de sports nautiques, aujourd'hui menacées de tomber dans l'oubli.

La fondation Bucintoro contribue aux efforts des Vénitiens pour protéger et promouvoir leurs coutumes et traditions. L'argent récolté par la location du Magazzino 5 contribuera à ces efforts puisqu'il sera redonné directement aux habitants de Venise.

The Lebanese Pavilion will be installed in the famous Magazzini del Sale in Venice, located in Dorsoduro along the quays of Zattere, near the Basilica della Salute, the Peggy Guggenheim Collection and the Punta della Dogana (Pinault Foundation). The Magazzino 5 adjoins the Vedova Foundation, redesigned by the architect Renzo Piano who transformed it into a dynamic and original museum.

The complex, whose construction dates back to the 14th century, is made up of nine parallel structures linked by a neoclassical facade. They are a pivotal part of Venice's history as they were designed to house over 5 millions kg of salt, a product that was crucial to the wealth and importance of the Venetian republic until the 19th century.

The complex is now owned by the Bucintoro Rowing Society. Founded in 1882, it is one of Venice's oldest charitable foundations, dedicated to preserving Venetian rowing traditions. The money for the rental of the Magazzino 5 will contribute to Bucintoro's efforts to protect and promote local Venetian traditions and customs, that are increasingly in peril. It will be an investment into the charity's operations, by giving back to the people of Venice.

L'INSTALLATION À VENISE
THE INSTALLATION IN VENICE

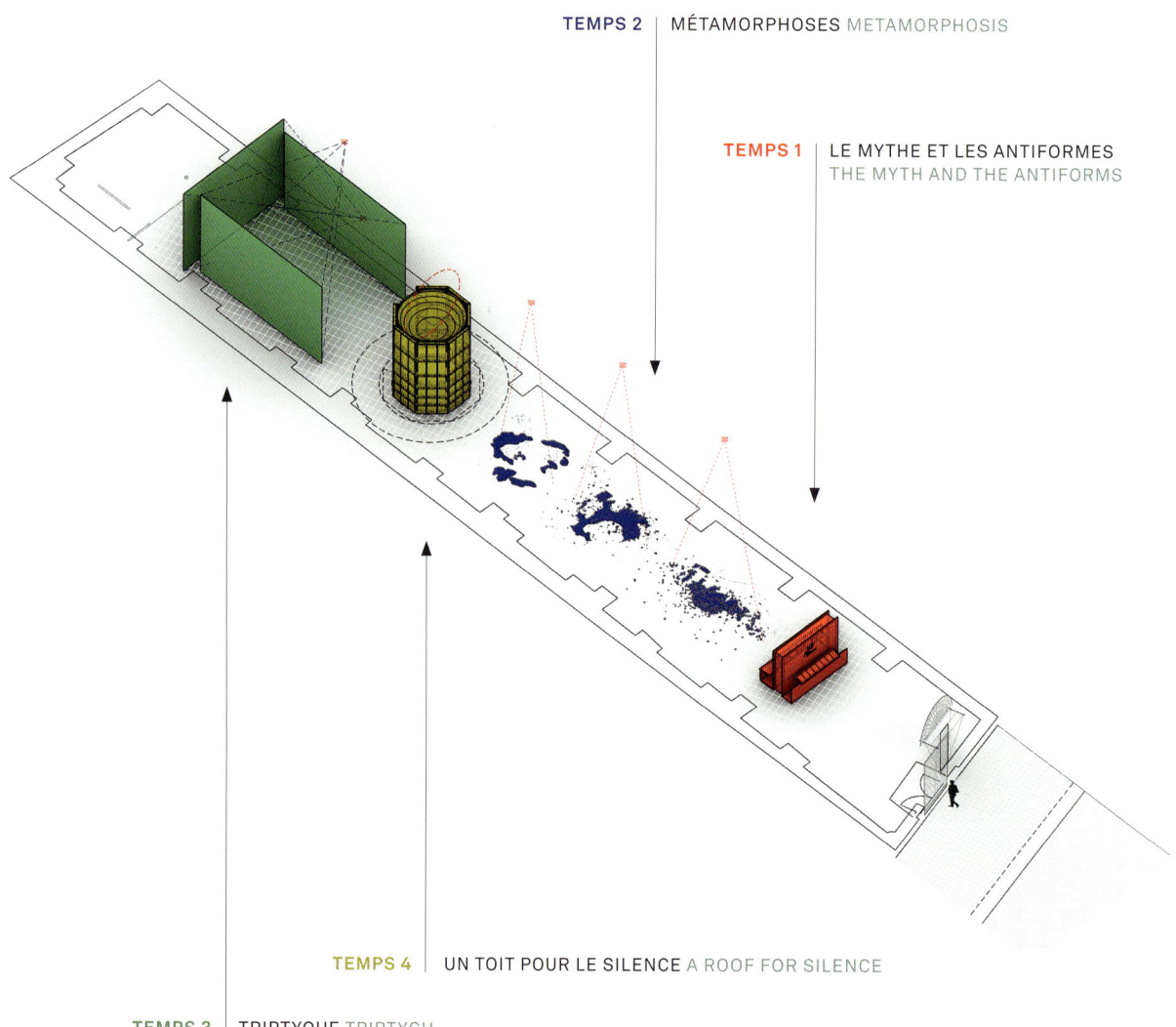

TEMPS 2 | MÉTAMORPHOSES METAMORPHOSIS

TEMPS 1 | LE MYTHE ET LES ANTIFORMES
THE MYTH AND THE ANTIFORMS

TEMPS 4 | UN TOIT POUR LE SILENCE A ROOF FOR SILENCE

TEMPS 3 | TRIPTYQUE TRIPTYCH

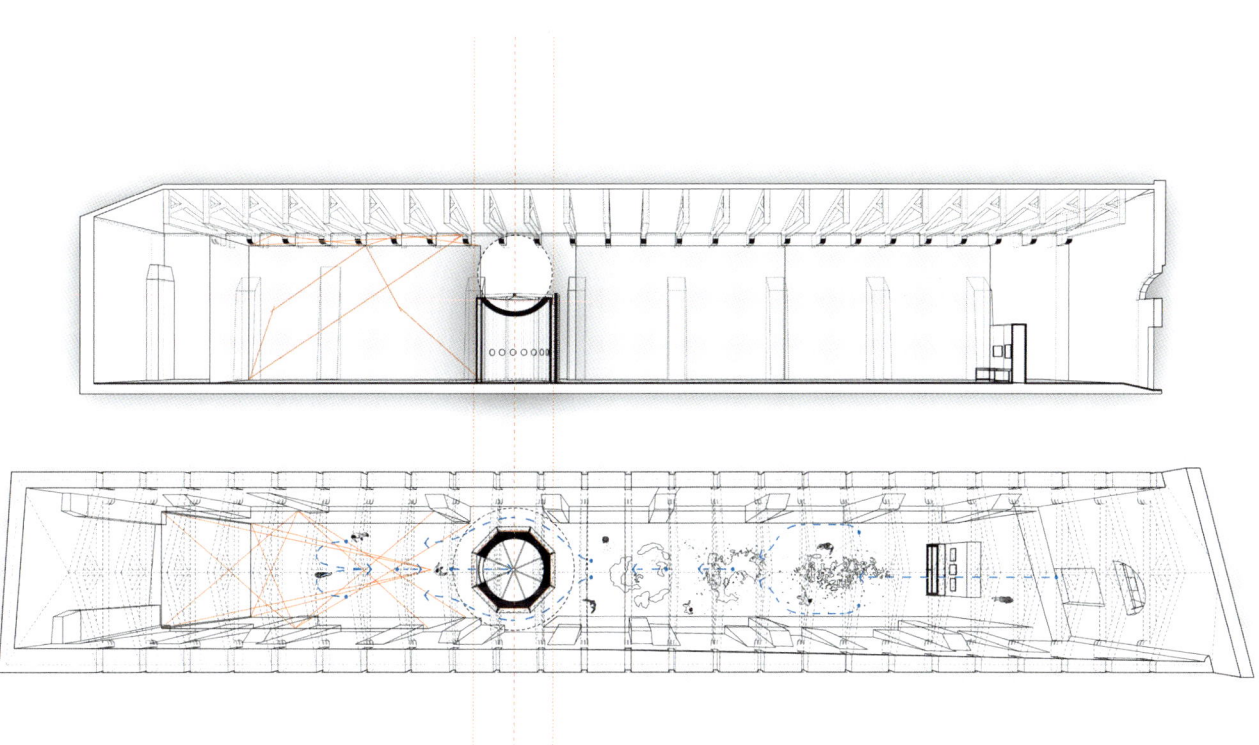

AXONOMÉTRIE ET PLAN D'INSTALLATION *IN SITU* AXONOMETRY AND INSTALLATION PLAN IN SITE

TEMPS 1 LE MYTHE ET LES ANTIFORMES
PART 1 THE MYTH AND THE ANTIFORMS

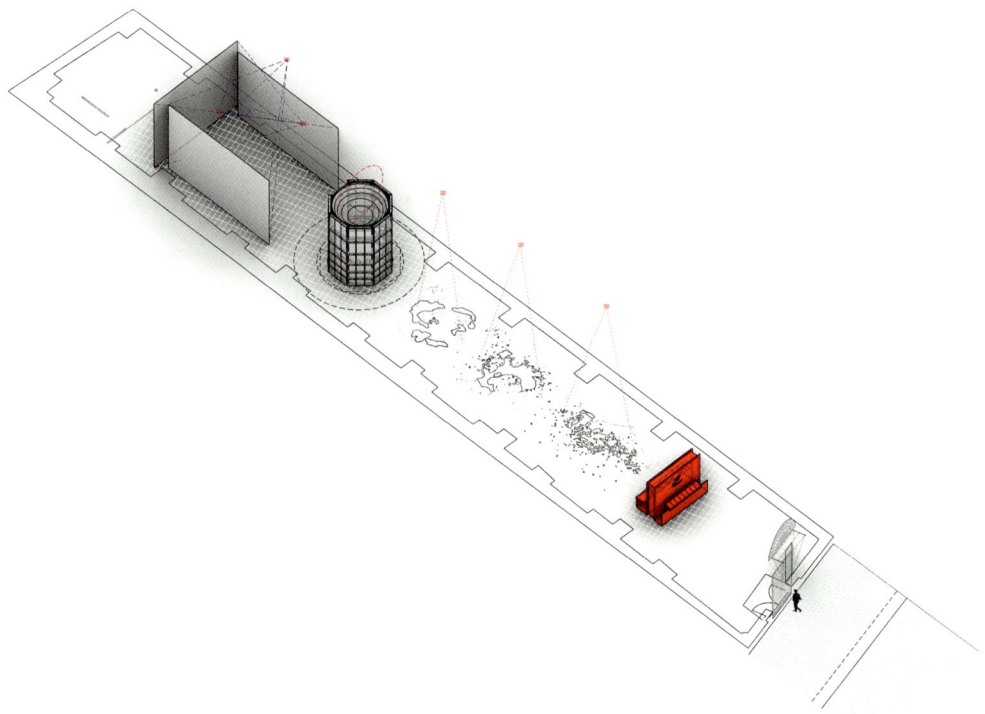

Une introduction sur la question du vide et du silence, observés au coeur des arbres millénaires du Liban. *Les oliviers de Bchaaleh*, 16 tirages photographiques en noir et blanc de Fouad Elkoury, portent le témoignage de la rencontre entre le passé et le présent. Les *Antiformes* de Paul Virilio, exploration de l'espace et de la matière absente qui nous mène à une nouvelle forme d'architecture, expriment ces notions d'entre-deux, et sont mises en regard avec des relevés photogrammétriques des arbres millénaires.

An introduction on the question of void and silence, as observed in the trunks of the millennial olive trees of Lebanon. *The olive trees of Bchaaleh*, a series of 16 black and white photographic prints by the Lebanese photographer Fouad Elkoury, bear witness to the meeting of past and present. The *Antiform*s of Paul Virilio, are an exploration of space and absent-matter. They lead us to a new form of architecture, expressing notions of in-between, and are put into relation with a photogrammetric survey of the millennial trees.

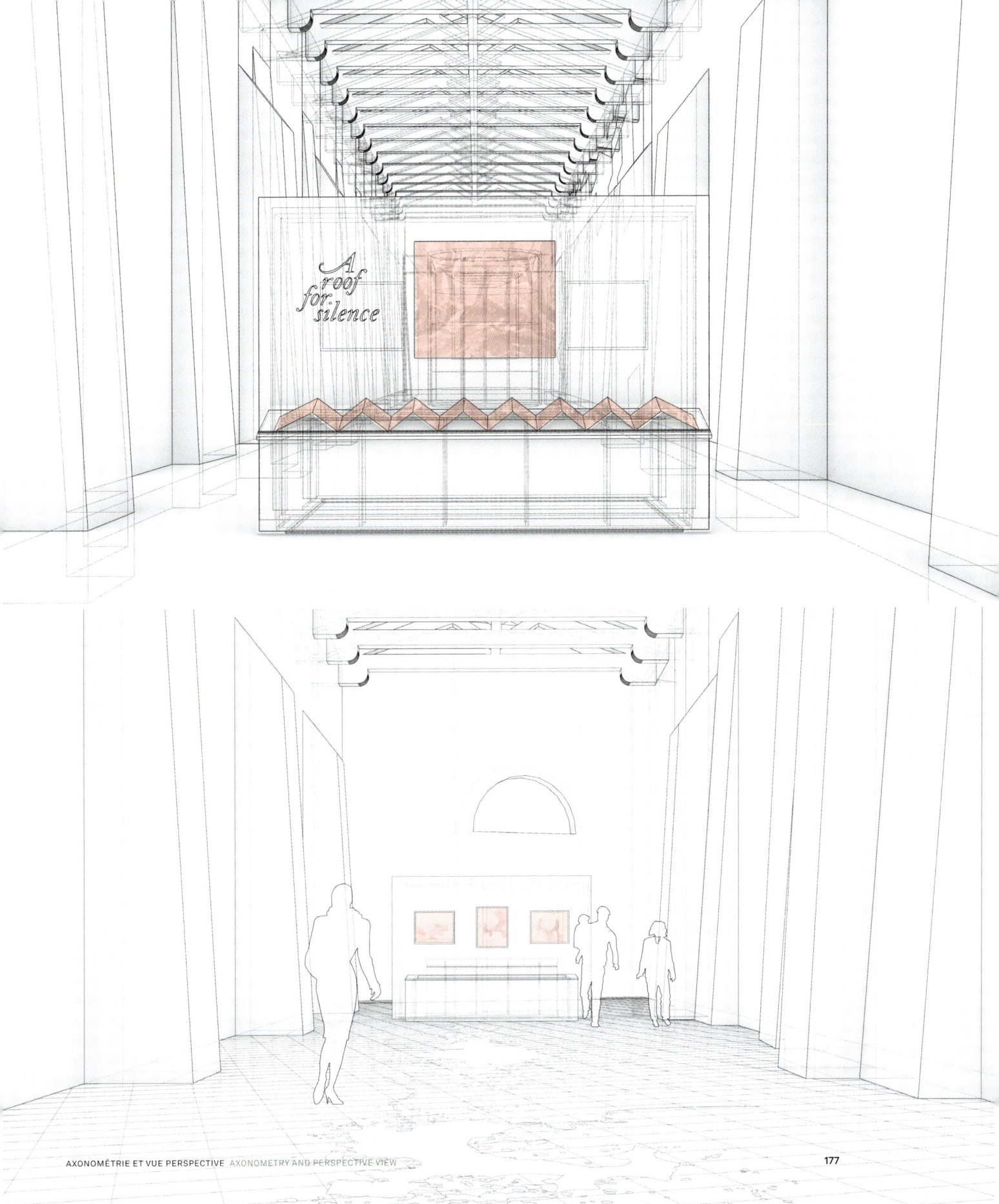

AXONOMÉTRIE ET VUE PERSPECTIVE AXONOMETRY AND PERSPECTIVE VIEW

TEMPS II MÉTAMORPHOSES
PART 2 METAMORPHOSIS

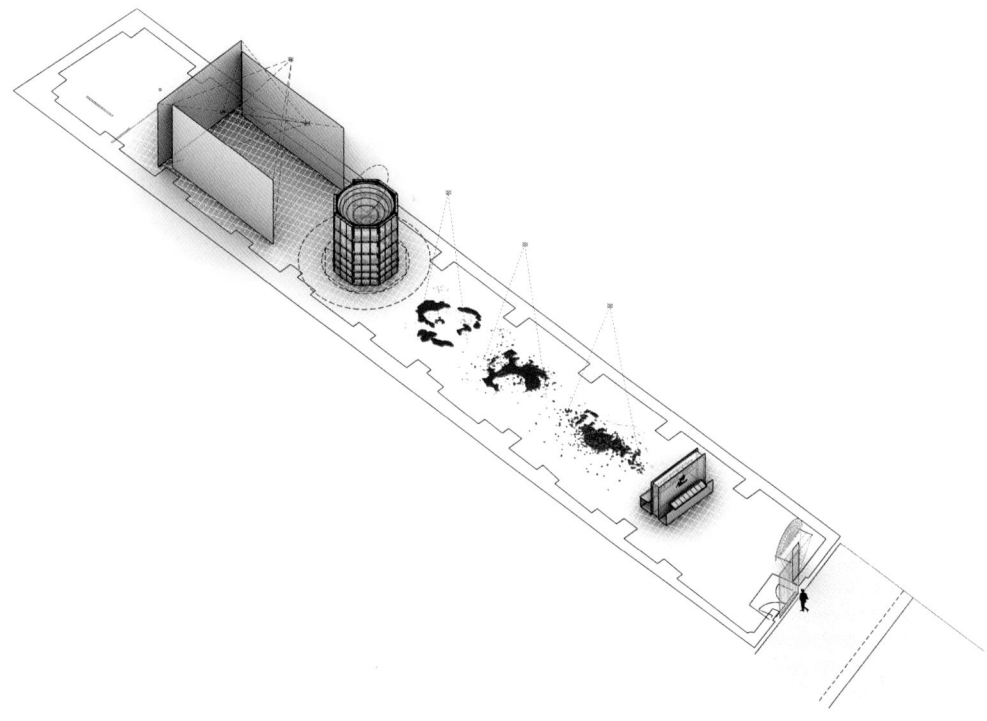

Métamorphoses, une traînée de verres au sol. Cassés par le souffle de l'explosion du port de Beyrouth, ou transformés par un souffleur de verre, ces formes ou traces fractales matérialisent l'impact de la déflagration dans la ville, une forme de vide qui se métamorphose en *Antiforme*, puis en empreinte à grande échelle du creux d'un arbre.

Metamorphosis, a trail of glass on the ground. Broken by the blast of the port of Beirut, or transformed by a glass blower, these forms and fractal traces materialize the impact of the explosion in the city. A form of void that metamorphoses into an *Antiform* then into a large-scale imprint of a tree hollow.

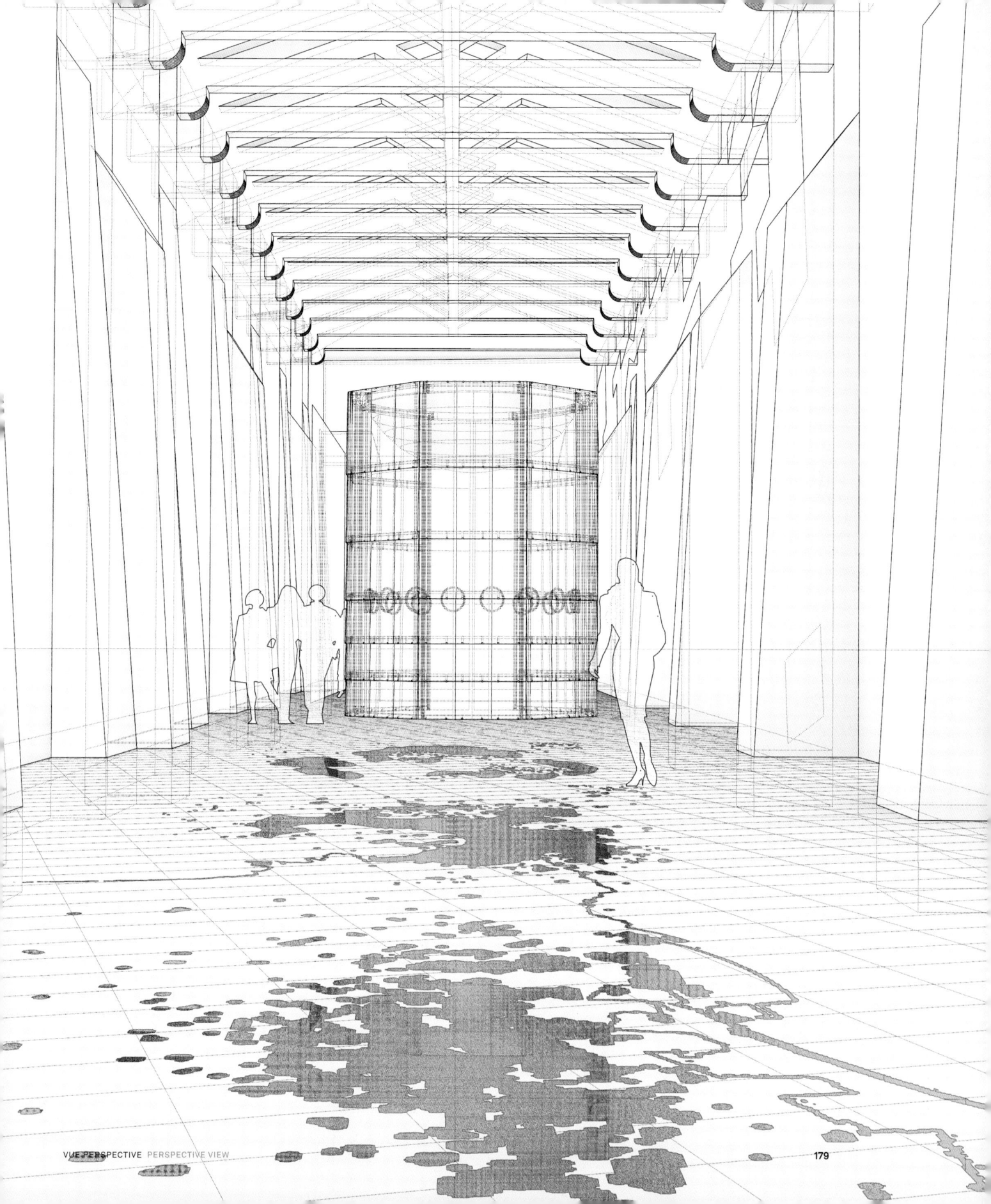

VUE PERSPECTIVE PERSPECTIVE VIEW

TEMPS II MÉTAMORPHOSES
PART 2 METAMORPHOSIS

Hala Wardé eut longtemps une idée assez précise de ce qu'elle voulait montrer, sur le sol même de son installation à Venise : les traces des arbres, ces photogrammétries, et leur similitude étonnante avec les *Antiformes* de Virilio. « Je pensais créer cela sous forme de sel, se souvient-elle, pour prendre la lumière de façon rudimentaire. » Arrive la catastrophe du 4 août 2020 à Beyrouth. L'architecte est marquée par l'explosion des vitres, partout dans la ville, ces bouts de verre qui jonchent les rues, et furent également projetés sur des milliers de personnes blessées, meurtries. Ces débris, elle en ramènera quelques-uns, les disposera au sol — traces discrètes, mais bien tangibles, du drame. Au même moment, elle découvre l'empreinte de l'impact de l'explosion, photographié, depuis le ciel, par un satellite de la NASA. Or, celle-ci présente des anamorphoses singulières avec ces autres formes déjà proches, les relevés sismographiques des oliviers, et les *Antiformes* du peintre-philosophe. Comment montrer la façon dont ces formes se répondent ? Se demande-t-elle ; comment matérialiser ces similitudes ? Le verre lui vient à l'esprit comme une évidence. Il est le matériau même du drame et il attrape parfaitement la lumière, renvoyant à la pièce centrale, cette nef de verre dédiée aux œuvres d'Etel Adnan.

Elle pense aussi à un de ses grands connaisseurs, le souffleur de verre Jérémy Maxwell Wintrebert, auquel elle a remis le Prix de l'intelligence de la main de la fondation Bettencourt en 2019, pour *The Beginning: Dark Matter*. Une œuvre puissante et poétique, qui interroge les origines même de

For a long time, Hala Wardé had a pretty precise idea of what she wanted to show, on the actual floor of her installation in Venice: traces of trees, these photogrammetries, and their amazing similarity with the *Antiforms* of Paul Virilio. 'I thought of doing that by using salt', she remembers, 'so as to capture the light in a fairly rudimentary way'. Then the catastrophe of 4 August 2020 happened in Beirut. The architect was struck by the way panes of glass exploded all over town, all these bits of glass that were strewn over the streets and were also sent hurtling at thousands of injured, battered people. She was to bring back some of those shards of glass and lay them out on the floor – discreet but perfectly tangible traces of the tragedy. At the same time she discovered the footprint left by the deflagration, photographed, from the sky, by a NASA satellite. This latter presents bizarre anamorphoses of the forms already close to hand, the seismographic readings of the olive trees and the philosopher-painter's Antiforms. How can we show the way these forms match each other?, she wondered. How can we embody the similarities? Glass sprang to mind as the obvious answer. It's the material of the tragedy and it catches the light, reflecting the central room, this glass nave devoted to the works of Etel Adnan.

She also thought of one of her great experts, the glassworker Jérémy Maxwell Wintrebert, to whom she'd handed the Bettincourt Foundation's Prix de l'Intelligence de la Main (Smart Hand Prize) in 2019, for The Beginning: Dark Matter, a powerful, poetic work that asks questions about the very origins of the universe, the primary matter of all things. He'll know

l'univers, la matière première de toutes choses. Le verre, lui saura comment le faire parler, se dit-elle. Il en connaît toutes les propriétés, les nuances, le potentiel. Elle lui explique ce qu'elle souhaite : il ne s'agit pas de façonner des objets imitant parfaitement ces formes, mais de recréer, avec cette matière-là, l'énigme de ces anamorphoses. Explorer ce mystère par le processus même de création du verre, ce passage du liquide au solide ainsi que sa capacité à prendre toutes les formes possibles et imaginables. « L'idée m'a d'abord surpris, confie le souffleur de verre. Revenir à la matière même, laisser les formes parler d'elles-mêmes, c'est faire le chemin inverse de tout ce que j'ai appris ! ». Vingt ans de savoir-faire, de maîtrise totale de son art, patiemment acquise auprès de ces maîtres verriers qui ne tolèrent que la perfection. « Et puis, un déclic a opéré », poursuit-il. Ce sujet, il le connaît en fait au plus profond de lui. Il est gravé dans sa chair, depuis ses deux accidents terribles, à l'origine même de sa vocation.

La première fois que Jérémy Maxwell Wintrebert rencontre le verre, il a à peine cinq ans. Il joue à cache-cache, court derrière son frère dans toute la maison. Soudain, celui-ci fait tomber un verre, qui se brise au sol. Jérémy tombe sur les débris, se déchiquette tout le bras gauche. Il découvre d'un coup la douleur dans toute sa puissance, son mystère. Dès lors le verre, cette matière étrange, l'obsède et le hante comme sa blessure, ces stigmates qu'il porte sur son corps. Quand sa mère a le dos tourné, il en chipe quelques morceaux, les met dans le four pour voir si ça fond, si les bouts coupants deviennent mous, disparaissent. L'enfant n'a jamais le temps d'observer le processus assez longtemps : il est surpris, puni. Sa deuxième confrontation avec le verre, plus violente encore que la première, a lieu à ses vingt et un ans. Un accident de voiture, il passe à travers le pare-brise, se taillade le dos, l'épaule. Des semaines dans le coma, il manque d'y rester, en ressort avec une autre balafre gigantesque et une conviction : c'est à ce matériau-là qu'il veut, dorénavant, se confronter à plein temps. Il deviendra un souffleur de verre très réputé, exposé en galeries et musées de par le monde. « J'ai compris que c'était cette pulsion-là, explique-t-il, à l'origine même de mon travail, qu'il m'était au fond proposé de revisiter. »

how to make the glass talk, she said to herself. He knows all its properties, subtleties, its potential. She told him what she wanted: it wasn't about fashioning objects that would be perfect imitations of the forms, but of using this particular material to recreate the enigma of the anamorphoses she'd noted. It was all about exploring the actual process of creating glass, that passage from liquid to solid, as well as about the capacity of glass to take on all possible and imaginable shapes. 'The idea surprised me at first', the glassworker confides. 'Going back to the material itself, letting the forms speak for themselves, means doing the opposite of everything I've been taught!' Twenty years of savoir-faire, of total mastery of his art, acquired with master glassworkers who don't tolerate anything short of perfection. 'And then it clicked', he goes on to say. Deep down inside, he was familiar with the stuff. It has been engraved in his flesh, ever since the two terrible accidents that led to his vocation.

The first time Jérémy Maxwell Wintrebert had a run-in with glass, he was barely five years old. He was playing hide-and-seek, tearing through the house after his brother. Suddenly his brother knocked over a glass, which shattered on the floor. Jérémy fell on the shards, ripping his left arm to shreds. He suddenly discovered pain, in all its power and mystery. From that moment, this strange matter, glass, has obsessed and haunted him, just like his wounds, these stigmata he bears on his body. Whenever his mother had her back turned, he'd nick a few pieces of glass and stick them in the oven, just to see, if it melted, if the cutting edges went soft, disappeared. But the boy never had long enough to observe the process: he'd be caught and punished. His second run-in with glass was even more violent than the first and took place when he'd turned twenty-one. It was a car accident in which he went through the windscreen and sliced open his back and shoulder. He spent weeks in a coma, nearly stayed there, came out of it with a giant scar and a conviction: what he wanted to do, from that point on, was to confront this particular material on a full-time basis. He went on to become a very highly regarded glassworker, with shows in galleries and museums all over the world. 'I realised that it was that specific impulse', he explains, 'the very origin of my work, that I was being invited to revisit.'

L'idée fait son chemin, ils échangent beaucoup, « c'était très abstrait, précise Jérémy, mais c'est justement par cette abstraction qu'on est arrivé à trouver des points communs ». Le souffleur sait une chose : « la matière fera ce qu'elle a à faire ». Il y a un plan, certes, ce croquis, mais il laissera sa spontanéité, son instinct prendre le dessus. « Tout est dans son geste », estime Hala. Ce moment de création, virtuose, auquel on assiste. Quelques minutes à peine, le temps de plonger une « cuillère » dans de la matière en fusion qui s'est liquéfiée dans un premier four, la faire couler sur une planche, former une flaque, en rajoutant une, voire deux cuillères en fonction des formes qui s'ébauchent sous ses yeux, puis mettre cet élément en gestation dans cet autre four immense, « l'arche » comme il l'appelle, tel un boulanger avec son pain, sauf qu'il faut ici faire très vite, avec quelque chose d'extrêmement fragile, de brûlant, de dangereux. Ce verre liquéfié par la chaleur ressemble à de la lave en fusion ; s'il est laissé trop longtemps dehors, il se brise en morceaux car le choc thermique entre l'intérieur du four et l'extérieur est trop grand, il faut donc se dépêcher d'enfourner. « Ce que je fais là est le contraire de mon travail de souffleur, constate l'artiste. Je coule une flaque de verre, je la laisse vivre. » On pense à l'art brut, Dubuffet, qui prônait l'art contre la culture, la spontanéité de la matière contre le savoir sclérosé du « Beau » académique. Hala évoque pour sa part le « degré

The idea gained traction, he and Hala talked a lot. 'It was all very abstract', Jérémy says, 'but it was exactly by sticking to abstractions that we ended up finding common ground.' The glassblower knows one thing: 'The material will do what it's got to do.' There is a plan, of course, the architect's very precise drawing, but he'll let his spontaneity, his instinct take over. 'It's all in his movement', Hala believes. That moment of creation, virtuosity, that we watch as it happens. Barely a few minutes, the time it takes to plunge a 'spoon' into the molten material that has liquified in another kiln first, pour it onto a board, form a puddle, add one or even two more spoons, depending on the shapes that start forming before his eyes, then put this gestating element in another vast kiln, 'the ark' as he calls it, just like a baker with his bread – except that you have to act very swiftly here with something so extremely fragile, burning hot, dangerous. The glass, liquified by heat, looks like molten lava, but if it's left out too long, it shatters because the thermal shock of coming from inside the kiln to the outside is too great, so you have to hurry and get it in the kiln. 'What I'm doing here is the opposite of my work as a glassworker', the artists states. 'I pour a puddle of glass and I let it come alive.' We might think of Art Brut, of Dubuffet, who pushed for l'art contre la culture, or crude art against cultural art, the spontaneity of matter against the sclerotic notion of the 'Beautiful' peddled by the academe. For her

zéro » cher à Roland Barthes, même si ce n'est pas l'écriture, mais le verre qui retrouve ici, par une sorte de révolution copernicienne à l'envers (ce n'est plus du point de vue de l'artiste mais de celui de la création elle-même qu'on se place) sa neutralité originelle. Comme libérée de toute contrainte formelle, de tout contrôle sur elle, cette matière-là redessine ainsi des motifs élémentaires, qui rejoignent ceux évoqués précédemment.

Le résultat, ces verres solidifiés, sont donc placés dans l'installation de Venise à même le sol, en un tracé où ils se confondent avec les débris de verre de Beyrouth. « C'est, au final, la fusion entre l'histoire de Hala, mon histoire, et l'histoire de ce qui s'est passé au Liban, conclut Jérémy. Dans cette histoire il y a plusieurs temporalités, temps long de la réflexion, temps ultracourt de la réalisation. » « Et des accidents », ajoute Hala. « Tout cela dans le berceau mondial du verre », sourit le souffleur. Une autre façon, pour lui, de revisiter sa propre histoire, retourner là où il a tout appris, Murano et ses maîtres souffleurs, qui lui enseignèrent les règles de l'art il y a plus de vingt ans. « Revenir à Venise, y rapporter ainsi cette matière à peine façonnée, c'est pour moi une formidable leçon d'humilité », se réjouit-il.

part, Hala evokes the degree zero dear to Roland Barthes, even if it's not writing, but glass that recovers its original neutrality, through a sort of Copernican revolution in reverse (we no longer position ourselves from the artist's viewpoint, but from the viewpoint of the creation itself). As if liberated from all formal constraint, from all control over it, this particular material thereby redesigns elementary motifs that fit in with those previously conjured up.

The end result, these solidified pieces of glass, are then placed on the actual floor in the Venice installation, in a line where they're mixed in with the shards of glass from Beirut. 'In the end, it's a fusion of my history and the history of what happened in Beirut', Jérémy concludes. 'In this history, there are several temporalities, there's the long term of reflection, and the super-short term of realisation'... 'and of accidents', adds Hala. 'All that, in the global cradle of glass', smiles the glassworker. Another way, for him, to revisit his own story and go back to where he learned everything, to Murano and his master glassworkers, who taught him the rules of the art more than twenty years ago. 'Going back to Venice, and taking this barely formed matter with me like this, is for me a great lesson in humility.'

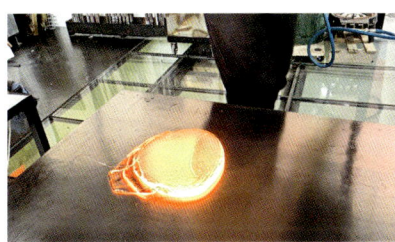

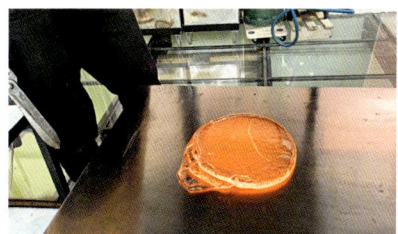

TEMPS III TRIPTYQUE — LES OLIVIERS, PILIERS DU TEMPS
PART 3 TRIPTYCH — THE OLIVE TREES, PILLARS OF TIME

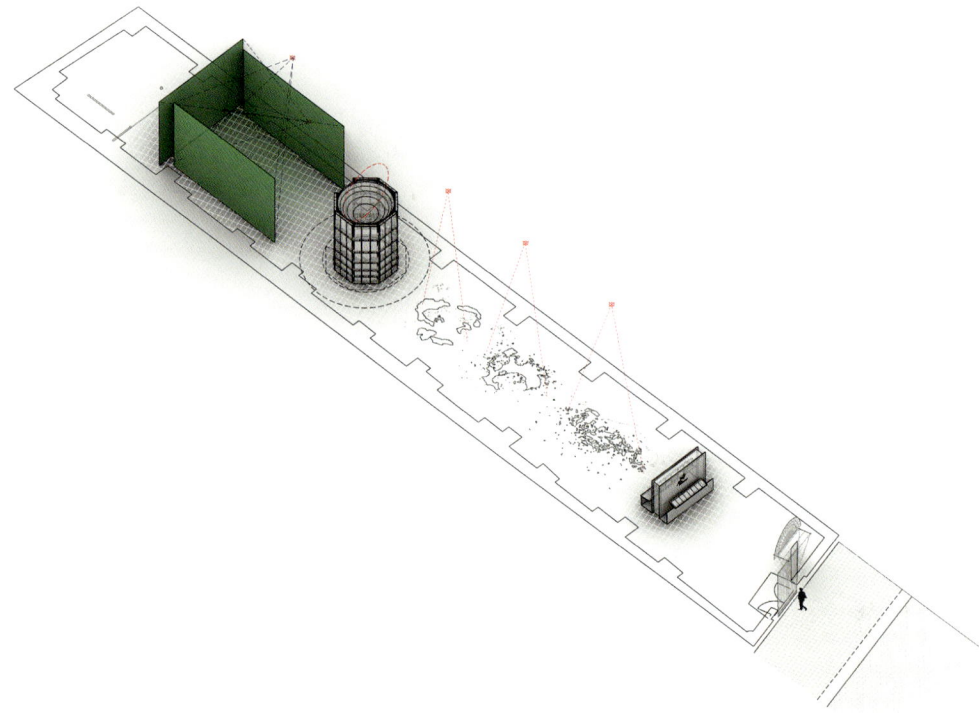

Les Oliviers, Piliers du Temps, une projection en triptyque des oliviers millénaires du Liban. Filmés dans l'obscurité de la nuit par Alain Fleischer, ces oliviers offrent une expérience sensible du vide et de la lumière, accompagnée d'une création musicale *Falling into Time*, des artistes sonores Soundwalk Collective.

The Olive trees, Pillars of time, a triptych video-projection of the millennial olive trees of Lebanon. Filmed in the darkness of the night by the filmmaker, photographer and visual artist Alain Fleischer, these olive trees offer a sensitive experience of emptiness and light. It is accompanied by a musical creation *Falling into Time* by the sound-artists Soundwalk Collective.

SCANNEZ POUR VOIR LE FILM EN MUSIQUE   SCAN TO WATCH THE FILM AND ITS MUSIC

IMAGES EXTRAITES DU FILM : *LES OLIVIERS PILIERS DU TEMPS* / SOUNDWALK   EXCERPTS FROM THE FILM: *THE OLIVE TREES, PILLARS OF TIME* / SOUNDWALK

LES OLIVIERS, PILIERS DU TEMPS
THE OLIVE TREES, PILLARS OF TIME
Alain Fleischer

Le vide est-il représentable sans la représentation de ce qui le borne, le contient ? Il faut un plongeoir pour se jeter dans le vide. Et si l'éternité est au temps ce que le vide est à l'espace, ne faut-il pas, de la même façon, représenter ce qui la contient, ce qui la borne ? Ne faut-il pas un plongeoir d'où se jeter dans l'éternité ?

Les 16 oliviers millénaires de Bchaaleh, dans la région de Batroun au Liban, sont des êtres vivants qui ont dépassé l'âge de leur mort. Ils sont si près de l'immobilité parfaite depuis si longtemps qu'ils ne peuvent plus s'arrêter. Ce n'est pas la vitesse qui les emporte irrémédiablement à travers l'espace, c'est une lenteur extrême qui les immerge définitivement dans le temps. Trop tard pour mourir : ils ont plongé dans l'éternité, ce vide du temps. Ils n'appartiennent plus à un paysage, fut-il biblique, ils sont les personnages d'une légende, c'est-à-dire d'une réalité qui, contrairement aux fictions ordinaires, ne s'inscrit dans aucun espace, dans aucun temps, fussent-ils imaginaires. Ces oliviers sont des organismes bien réels, bien vivants, ils donnent des feuilles et des fruits depuis plus de mille ans. Mais ils ne se développent plus dans l'espace, ils ne se prolongent plus dans le temps. Ils sont une matière vivante mais immobile, végétale mais pétrifiée. Leur vie est si ralentie qu'elle ne peut plus s'arrêter. Leur matière est si dense dans l'espace qu'il n'y a plus de place pour le vide qu'en dehors d'eux. Ils sont un plongeoir pour se jeter dans le vide, ils sont un appui pour s'adosser face à l'éternité. L'éternelle jeunesse est un rêve illusoire que vient corriger, avec les oliviers de Bchaaleh, l'éternelle vieillesse, le défi de l'âge au temps, de la matière au vide.

Pour représenter ces arbres parvenus aujourd'hui au bout de leur âge, à la fin du mouvement de leur croissance, il fallait

Can emptiness be represented without representing what limits it, contains it? We need a springboard to leap into the void. And if eternity is to time what emptiness is to space, shouldn't we, likewise, represent what contains it, what limits it? Don't we need a springboard from which to leap into eternity?

The 16 ancient olive trees of Bchaaleh, in the Batroun region of Lebanon, are living beings that have passed their dying age. They have been so close to perfect stillness for so long they can no longer stop. It isn't speed that's sweeping them irreversibly through space, but an extreme slowness that has submerged them permanently in time. Too late for dying: they have plunged into that void in time, eternity. They no longer belong to a landscape, however biblical; they are characters in a legend, in a reality that, unlike what happens in ordinary stories, is not set in any space, in any time, however imaginary. These olive trees are perfectly real organisms, perfectly alive; they've been putting out leaves and fruit for well over a thousand years. But they no longer grow in space, they no longer persist in time. They are matter that's living but still, vegetal, but petrified. Their life is so slowed down it can no longer end. Their matter is so dense in space there's no room for emptiness now except outside them. They are a springboard for us to leap into the void; they are a support for us to lean back against, facing eternity. Eternal youth is a deceptive dream that eternal old age has come along to correct, with the olive trees of Bchaaleh, the challenge of age to time, of matter to emptiness.

To represent these trees which have now come to the end of their time, the end of the movement involved in their growth, what was needed was an art of movement and of time: cinema,

un art du mouvement et du temps : le cinéma, plutôt que la photographie. Photographier la glace, c'est geler et figer l'eau une seconde fois. La filmer, fixement, c'est rester attentif à ce qui vit et ce qui bouge en elle, l'hypothèse de sa fonte. Filmer les oliviers de Bchaaleh a consisté à les réveiller à peine, très doucement, de leur sommeil, à les caresser par une lumière qui les replace dans l'espace et le temps, après avoir fait le vide autour d'eux, c'est-à-dire le noir, les avoir plongés dans la nuit des temps. Redonner à la pierre sa plasticité d'origine, réveiller le temps dans l'éternité, faire vibrer le vide dans l'espace, animer la lumière dans la matière.

rather than photography. Photographing ice means freezing and solidifying water a second time. Filming it, intently, means staying attentive to what lives and moves within it, its hypothetical thawing. Filming the olive trees of Bchaaleh meant rousing them very gently, almost imperceptibly, from their slumber, caressing them with a light that places them once more in space and time, after having created a vacuum, meaning darkness, around them, after having plunged them into the mists of time. Restoring to that which is petrified it's original plasticity, rousing time within eternity, making emptiness vibrate in space, animating the light inside matter.

FALLING INTO TIME
Soundwalk Collective

Comment construire un toit pour le silence ? Pouvons-nous créer un espace sonore où le vide est imaginé comme un pilier, et où les notions de silence et de contemplation deviennent les fondements d'une architecture ? Sommes-nous capables d'entendre la fréquence de résonance d'un objet qui est à la fois vivant, ancien et vide ?

La composition de Soundwalk Collective pour *A Roof for Silence* de Hala Wardé s'inspire des pièces maîtresses du Pavillon libanais de la Biennale de Venise : les oliviers millénaires de Bchaaleh, un village reculé de la région de Batroun au Liban. Arbres de sagesse, témoins silencieux de la permanence et de la fragilité, leurs formations naturelles évoquent et échappent à la gravité, car ils vivent et respirent simultanément dans le passé, le présent et le futur. Ils existent au-delà de notre perception du temps et de l'espace, produisant encore des fruits bien que se tenant toujours droits, stoïques, immobiles depuis plusieurs siècles. La pièce sonore est composée de deux chapitres qui reflètent l'olivier comme un pont entre ces deux mondes de présence et de vide.

Falling Into Time nous plonge dans le sol, telle une lente immersion. Les racines s'enfoncent profondément dans la terre et la matière, chaque jour, heure, minute, seconde. Faisant l'expérience d'une progression graduelle qui s'étend sur des centaines d'années, nous fusionnons avec le sol et éprouvons sa gravité sur nous — c'est l'éternité en train de se faire, à laquelle nous participons. Le son d'un violoncelle vibrant entre en résonance avec la fréquence de l'olivier, pour évoquer un espace intemporel où la présence et le vide coexistent.

How does one construct *A roof for silence*? Can we create a sonic space where emptiness is imagined as a pillar, and where the notions of silence and contemplation become the foundations for an architecture? Are we able to hear the resonant frequency of an object that's alive, ancient, and a void, all in one?

Soundwalk Collective's composition for Hala Wardé's *A Roof for Silence* is inspired by the centrepieces of the Venice Biennale's Lebanese Pavilion: the thousand-year-old olive trees of Bchaaleh, a remote village in the Batroun region of Lebanon. These trees of wisdom are silent witnesses of permanence and fragility: their natural formations evoke and elude gravity at once, as they live and breathe simultaneously in the past, present and future. They exist beyond the grasp of our concept about time and space, still producing fruits yet stoically standing, unmoved for over a century. The sound piece is composed of two chapters that are made to reflect the notion of the olive tree as a bridge between these two worlds of presence and void.

Falling Into Time slowly immerses us into the ground; roots grow deeply within the earth and natural matter, every day, hour, minute, second. Experienced as a gradual progression that spans hundreds of years, we fuse with the soil beneath and experience its gravity upon us – it is eternity, actively in the making, of which we are part. The sound of a vibrating cello connects with the resonant frequency of the olive tree, evoking a timeless space where presence and void coexist. *Antiform*, a piece inspired by Paul Virilio's concept, evokes the sky and the idea of expanse, anti-gravity and elevation. We

L'Antiforme, inspirée du concept de Paul Virilio, évoque le ciel et l'idée d'étendue, d'anti-gravité et d'élévation. Nous nous souvenons des mots de Virilio : « Là, où il y a un objet sensible, être ou chose, l'espace n'est plus, nous lui retirons un volume, par là même nous lui donnons une forme : l'*Antiforme* ». À mesure que l'arbre se ramifie, ses feuilles échappent à la gravité pour atteindre un espace qui est à la fois, simultanément, un vide. Les sons des particules en collision et des molécules en expansion forment des accidents non rythmiques qui résonnent et font écho aux règles libres du cosmos. Tous les éléments abandonnent la structure et deviennent informels et abstraits ; le piano improvisé perd toute notion d'ordre et se libère du cadre.

remember Virilio's words: "Where there is a sentient object, being or thing, the space is no more, we take away a volume from it, by this very act we give it a shape: the *Antiform*." As the tree branches out, its leaves slip out of gravity to reach upwards into a space that simultaneously is, too, a void. Sounds of colliding particles and expanding molecules form non-rhythmical accidents that resonate and echo with the free rules of the cosmos. All elements let go of structure and become informal and abstract; the improvised piano loses order and breaks free from existing patterns.

Les compositions sonores ont été gravées sur un vinyle 33 tours (*artist edition LP*), comprenant des tirages d'art et un livret, publié par The Vinyl Factory en mai 2021.

Face A **Falling Into Time**
Face B **Antiformes**

Composé et produit par **Soundwalk Collective**
pour Hala Wardé.
Avec **Lucy Railto**n *(violoncelle)* et **Daisuke Tadokoro** *(piano)*
Mix de **Tobias Freund** aux Non Standard Studios, Berlin
Mastering par **Noel Summerville** au 3345 Mastering, Londres

The sound compositions are available as a 12" artist edition LP, including art prints and a booklet, published by The Vinyl Factory in May 2021.

Side A **Falling Into Time**
Side B **Antiformes**

Composed and produced by **Soundwalk Collective**
for Hala Wardé.
Featuring **Lucy Railton** *(cello)* and **Daisuke Tadokoro** *(piano)*
Mix by **Tobias Freund** at Non Standard Studios, Berlin
Mastering by **Noel Summerville** at 3345 Mastering, London

VINYLE A ROOF FOR SILENCE LP
VINYL A ROOF FOR SILENCE LP
Soundwalk Collective

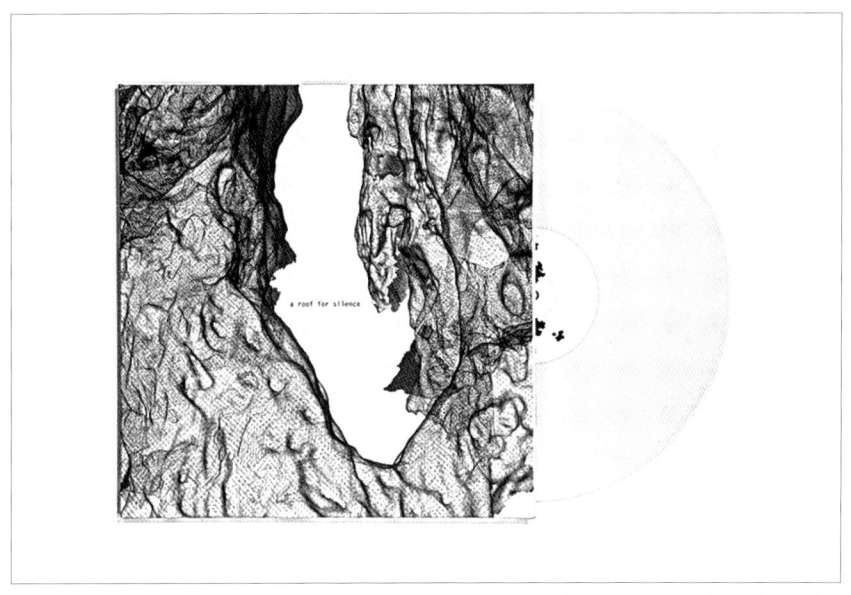

TEMPS IV UN TOIT POUR LE SILENCE
PART 4 A ROOF FOR SILENCE

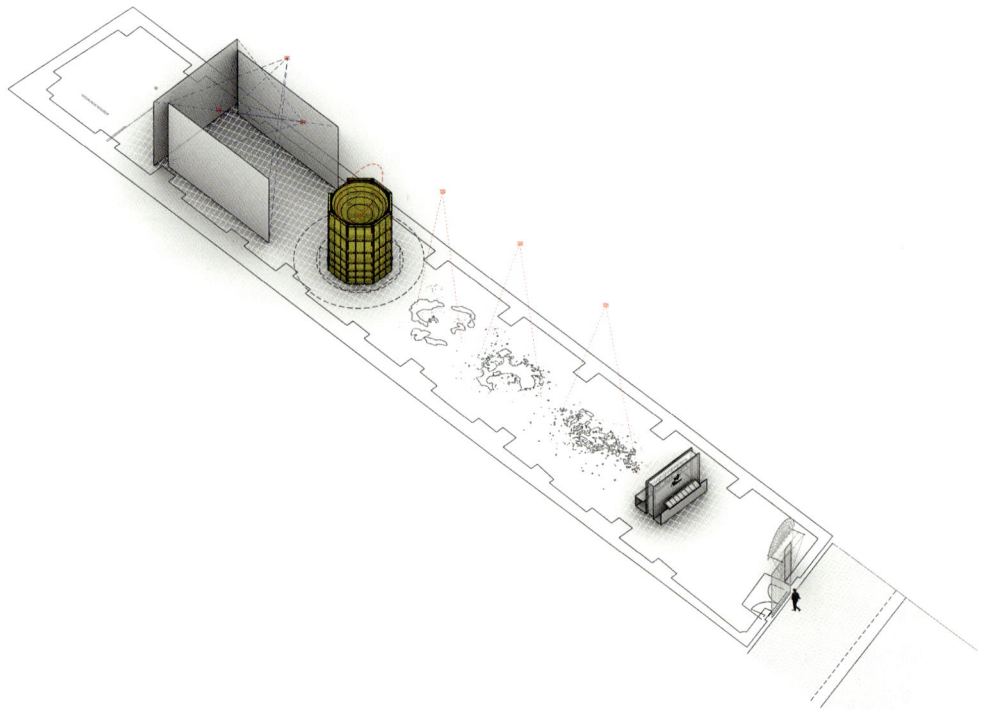

La pièce centrale, abritant l'oeuvre d'Etel Adnan, est conçue dans la logique cyclique de son poème-en-peinture *Hommage à la déesse Olivéa*. L'artiste n'y représente pas tel ou tel olivier mais le sentiment que lui a inspiré cet arbre légendaire qui a accompagné les civilisations méditerranéennes. Ce petit bâtiment de forme circulaire et octogonale est couronné d'un toit semi-sphérique bordé de lumière, dont l'absence de limites contribue à en faire un lieu essentiel : *Un Toit pour le Silence*.

The central room, housing the work of Etel Adnan, conceived in the cyclical logic of her poem-in-painting *Olivéa : Hommage à la déesse de l'olivier*. The artist does not show this or that olive tree, but rather the feeling inspired by this legendary tree that has accompanied the Mediterranean civilizations. The small, circular and octagonal building is crowned with a hemispherical roof, bordered by light. Its absence of limit contributes to making it an essential place: *A Roof for Silence*.

VUE PERSPECTIVE PERSPECTIVE VIEW

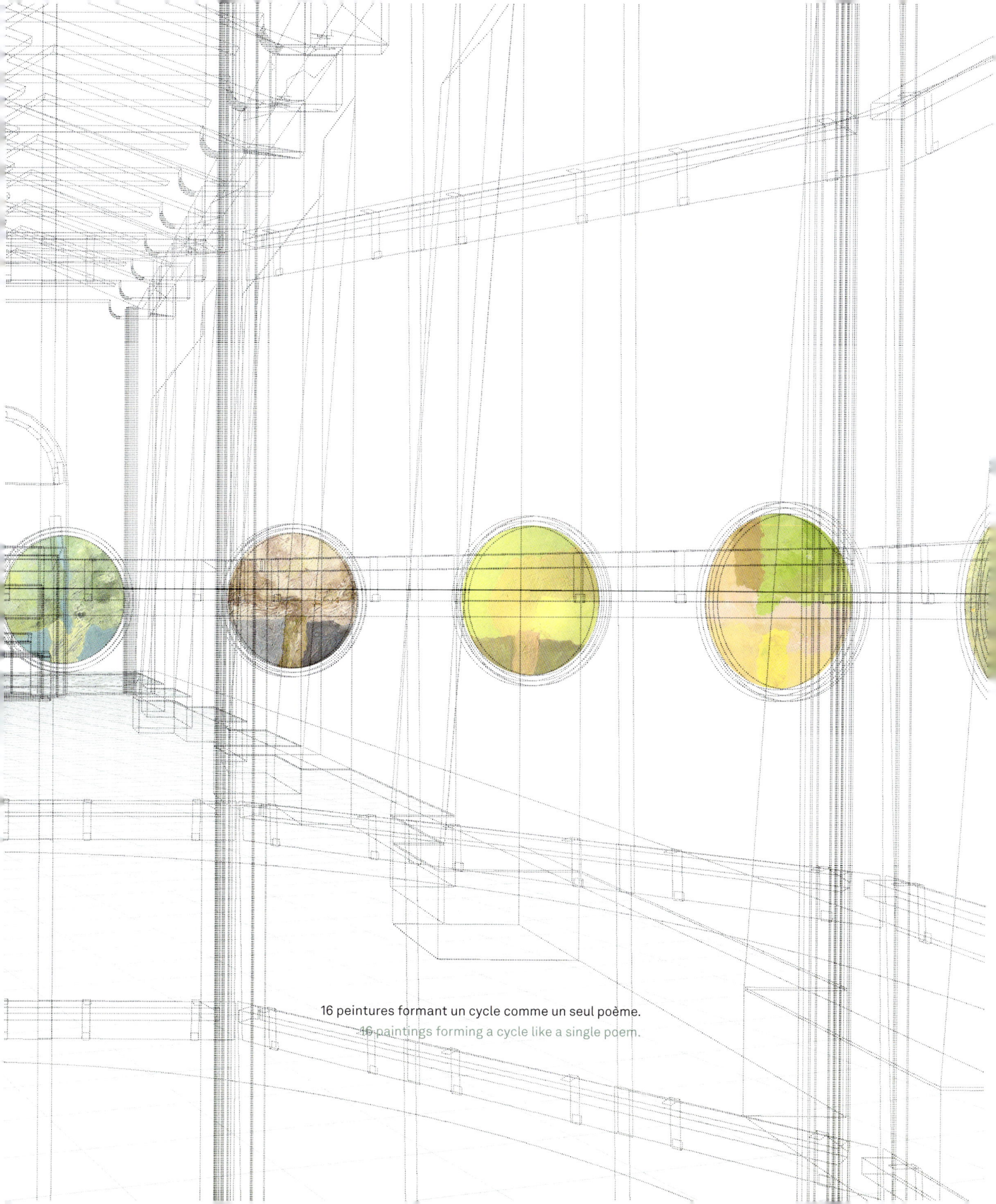

16 peintures formant un cycle comme un seul poème.
16 paintings forming a cycle like a single poem.

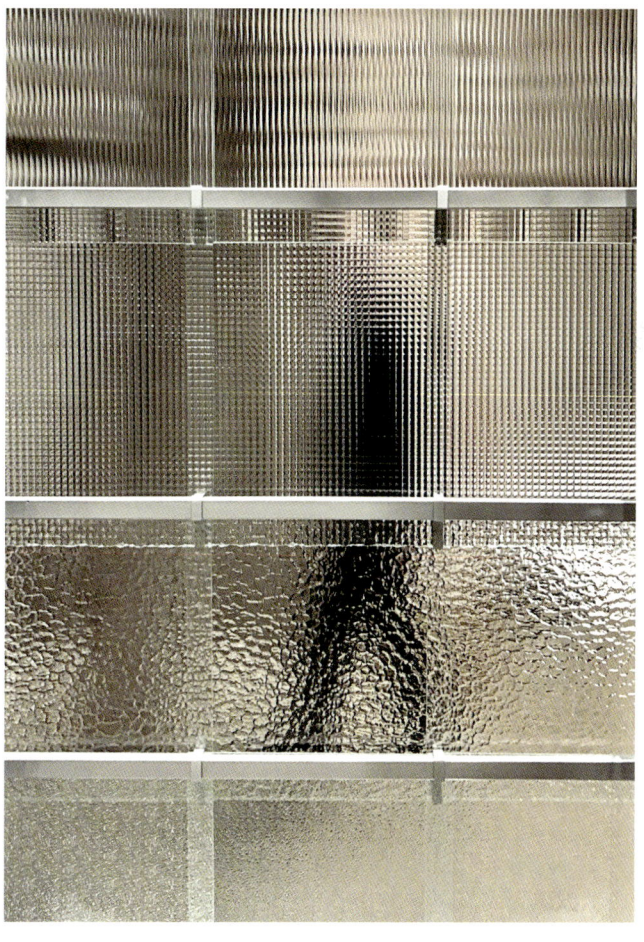

MONTAGE DU PAVILLON À VENISE PAVILION CONSTRUCTION IN VENICE

MONTAGE DU PAVILLON À VENISE PAVILION CONSTRUCTION IN VENICE

A roof for silence

SCANNEZ POUR VISITER LE PAVILLON
SCAN TO VISIT THE PAVILION

L'ITINÉRANCE
THE ITINERANCY

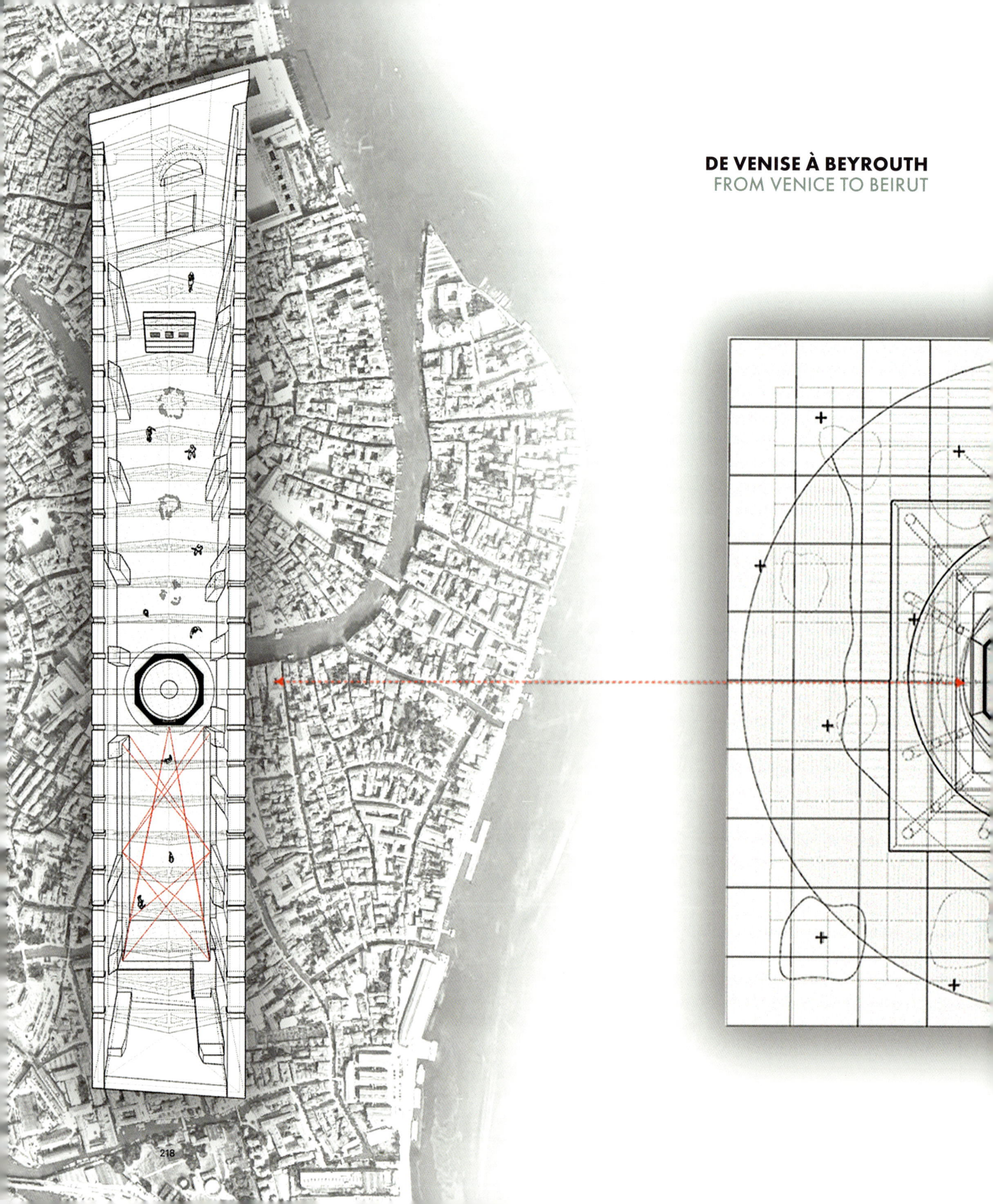

DE VENISE À BEYROUTH
FROM VENICE TO BEIRUT

La Cité des Eaux sera le premier port fortement symbolique
d'un projet destiné à voyager à travers le monde pour porter le message
universel et intemporel du pays des Cèdres… Et des Oliviers.
The City of water will be the first symbolic harbour
of a pavilion destined to convey to the world a universal and timeless
message from the land of the Cedars… and of Olive trees.

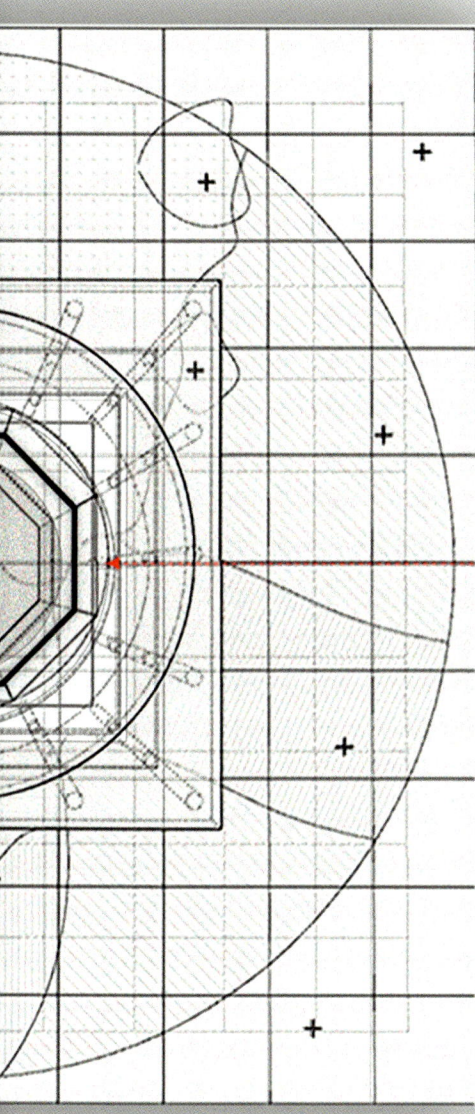
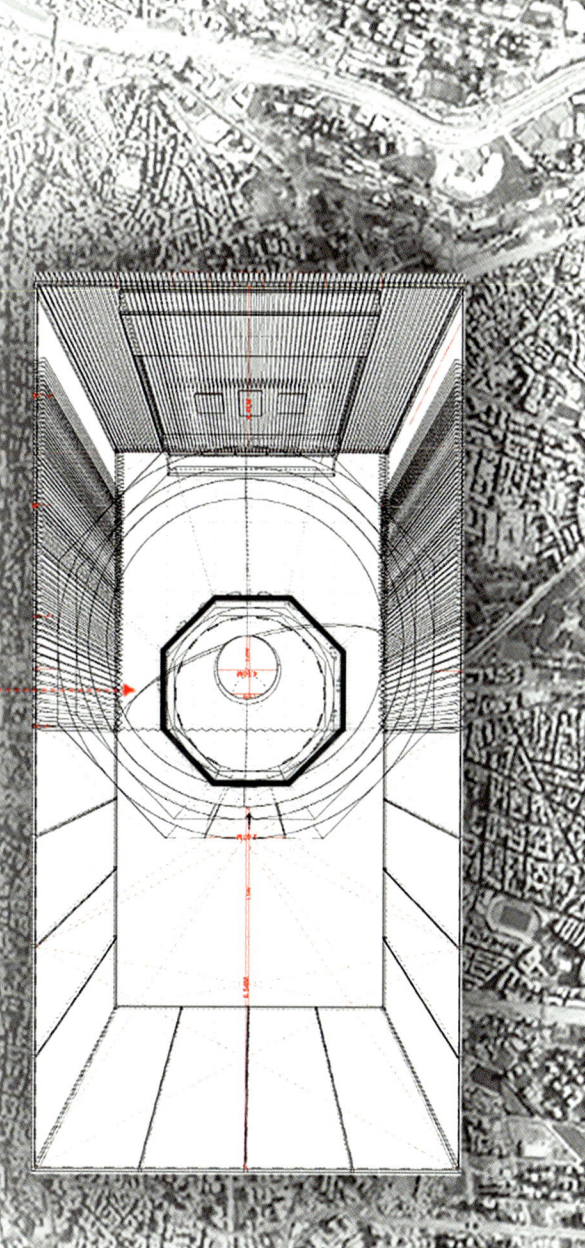

L'ITINÉRANCE DU PAVILLON
THE PAVILION ITINERANCY

Musée national, Beyrouth, Liban National Museum, Beirut, Lebanon
Anne-Marie Maïla Afeiche

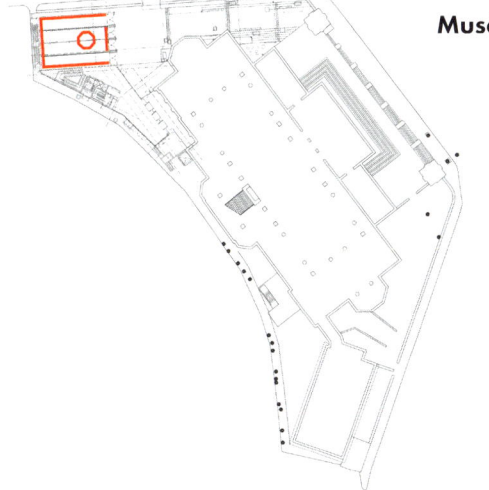

Dans la quiétude du Musée national de Beyrouth, une lumière ocre envahit les espaces d'exposition. C'est là que sont présentés les témoins du passé du Liban, vestiges archéologiques qui racontent, chacun à leur manière, des épisodes de la vie, des croyances et des espoirs de celles et de ceux qui vécurent avant nous sur cette terre. En érigeant un espace adjacent au Musée national, envisagé pour recevoir des expositions temporaires et des fêtes célébrant la culture, la Fondation nationale du patrimoine ouvre la voie à de nouvelles perspectives de dialogues et de rencontres. Dans cet écrin, le projet de Hala Wardé, *Un Toit pour le Silence*, trouve sa place. C'est là que se conjugueraient l'ancien et le présent, les antiquités nationales et le génie contemporain d'Etel Adnan et d'autres artistes. C'est un hommage au patrimoine culturel et naturel certes, de par l'omniprésence de l'olivier au centre de ce projet, mais qui trouve ici un écho particulier dans le caractère intemporel et millénaire de nos collections nationales. Dans ce sens, le projet de Hala Wardé est fédérateur : à l'instar de la mission première du Musée national de Beyrouth, il dévoile et réconcilie, tout en pudeur et en silence, la création artistique libanaise, sous un même toit.

In the quietness of the National Museum of Beirut, an ochre light pervades the exhibition spaces. It is here that the witnesses of Lebanon's past are displayed: archaeological remains that tell, each in its own way, the life events, beliefs and hopes of those who lived before us on this earth.
In building a space adjacent to the National Museum, designed to host temporary exhibitions and events celebrating Culture, the Fondation nationale du Patrimoine leads to new perspectives of dialogues and encounters. In this setting, Hala Wardé's project *A Roof for Silence* finds its place. This is where past and present, national antiquities and the contemporary genius of Etel Adnan and other artists, come together. This is certainly a tribute to cultural and natural heritage, through the omnipresence of the olive tree at the center of this project, but it finds a special resonance in the timeless and millennial dimension of our national collections. In this respect, Hala Wardé's project is unifying: just like the original mission of the National Museum of Beirut, it reveals and reconciles, with sobriety and in silence, Lebanese artistic creation, under one roof.

Palais de Tokyo, Paris, France
Emma Lavigne

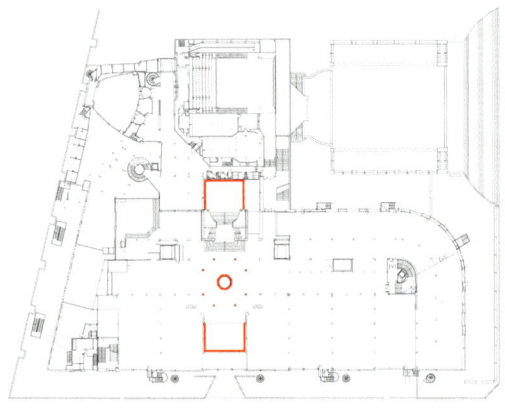

« L'œil du poète, roulant dans un parfait délire,
Va du ciel à la terre, et de la terre au ciel.
Et quand l'imagination accouche
Les formes de choses inconnues, la plume du poète
En dessine les contours, et donne à ce qui n'est qu'un rien dans l'air
Une demeure précise, et un nom. »
William Shakespeare, Le Songe d'une nuit d'été

'The poet's eye, in a fine frenzy rolling,
Doth glance from heaven to earth, from earth to heaven;
And as imagination bodies forth
The forms of things unknown, the poet's pen
Turns them to shapes, and gives to airy nothing
A local habitation and a name.'
William Shakespeare, *A Midsummer Night's Dream*

Le pavillon de verre de Hala Wardé s'enracine au sein du Palais de Tokyo. Construit en 1937 pour l'Exposition internationale, longtemps fermé avant d'être révélé et ouvert à la lumière par les architectes Anne Lacaton et Jean-Philippe Vassal (Prix Pritzker 2021), le Palais de Tokyo, qui devait être une architecture éphémère, a perduré depuis quelques décennies pour devenir le plus grand centre d'art contemporain en Europe dédié à la création émergente. Au cœur de ce paysage urbain qui capte les vibrations et les nouvelles formes de beauté de l'ici et maintenant, le pavillon se fond dans cette topographie où le verre omniprésent évoque une serre et y inscrit une autre temporalité. Sous la coupole, vestige de l'architecture des années 1930, dans l'immense espace du Palais de Tokyo, ce micro-territoire apparaît et disparaît au gré des jeux de lumière, flirtant avec l'immatériel. Enveloppé des ombres d'où émerge la présence envoûtante d'oliviers millénaires filmés par Alain Fleischer, ce petit temple voué au silence dans les tumultes du monde, reconnectant « la terre au ciel », laisse résonner la polyphonie infinie de l'œuvre d'Etel Adnan.

Hala Wardé's glass pavilion takes root in the Palais de Tokyo. Built in 1937 for the International Exhibition, closed for a long time before being revealed and opened to the light by the architects Anne Lacaton and Jean-Philippe Vassal (Pritzker Prize 2021). The Palais de Tokyo, initially conceived as an ephemeral architecture, has endured for several decades to become the largest contemporary art center in Europe dedicated to emerging art. At the heart of this urban landscape, which captures the vibrations and new forms of beauty of the "here and now", the pavilion blends into a topography of omnipresent glass that evokes a greenhouse and establishes another temporality. Under the dome, a vestige of 1930's architecture, in the immense space of the Palais de Tokyo, this micro-territory appears and disappears with the play of light, flirting with the immaterial. Wrapped in shadows from which emerge the spellbinding presence of thousand-year-old olive trees filmed by Alain Fleisher, this small temple dedicated to silence in the turmoil of the world reconnects "earth to heaven" and allows the infinite polyphony of Etel's Adnan's work to resonate.

Abbaye de Jumièges, France Jumièges abbey, France
Alain Fleischer

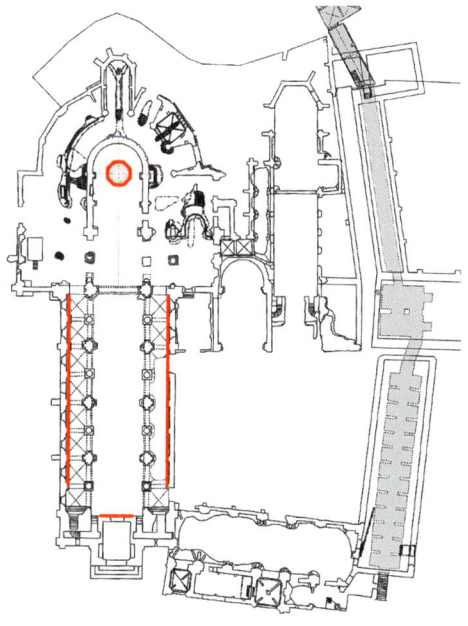

À Jumièges, l'architecture semble avoir d'avance prévu son devenir ruine, pour continuer de célébrer le génie humain en dépit des tempêtes de l'Histoire et du Temps.

Un spectre de pierre, signe devenu presque abstrait, transparent et pourtant chargé de sens, toujours érigé ; une ruine arrêtée, à jamais indestructible, à jamais vivante.

Lieu de rêverie et de méditation, mais paradoxal lieu d'exposition : point de mur, point d'espace clos, point d'obscurité propice à l'apparition des images lumineuses ! Un bâtiment traversé par la lumière et le vent. Et pourtant quel abri idéal, symbole de résistance à la destruction, pour y installer une œuvre qui interroge l'éternel et l'infini, associant les forces humaines à celles de la nature, et qui réclame, là où elle sera présentée à ciel ouvert, *un toit pour le silence*.

In Jumièges, Architecture seems to have foreseen its future as a ruin, to continue celebrating human genius despite the storms of History and Time.

A specter of stone, a sign that has become almost abstract, transparent and yet charged with meaning, still erect, an arrested ruin, forever indestructible, forever alive.

A place of reverie and meditation, but a paradoxical place of exhibition: no wall, no enclosed space, no darkness suitable to the apparition of luminous images! A building traversed by light and wind. And yet what an ideal shelter, a symbol of resistance to destruction, to display a work that questions the eternal and the infinite, combining human forces with those of nature, and that demands, where it will be presented in the open air, *a roof for silence*.

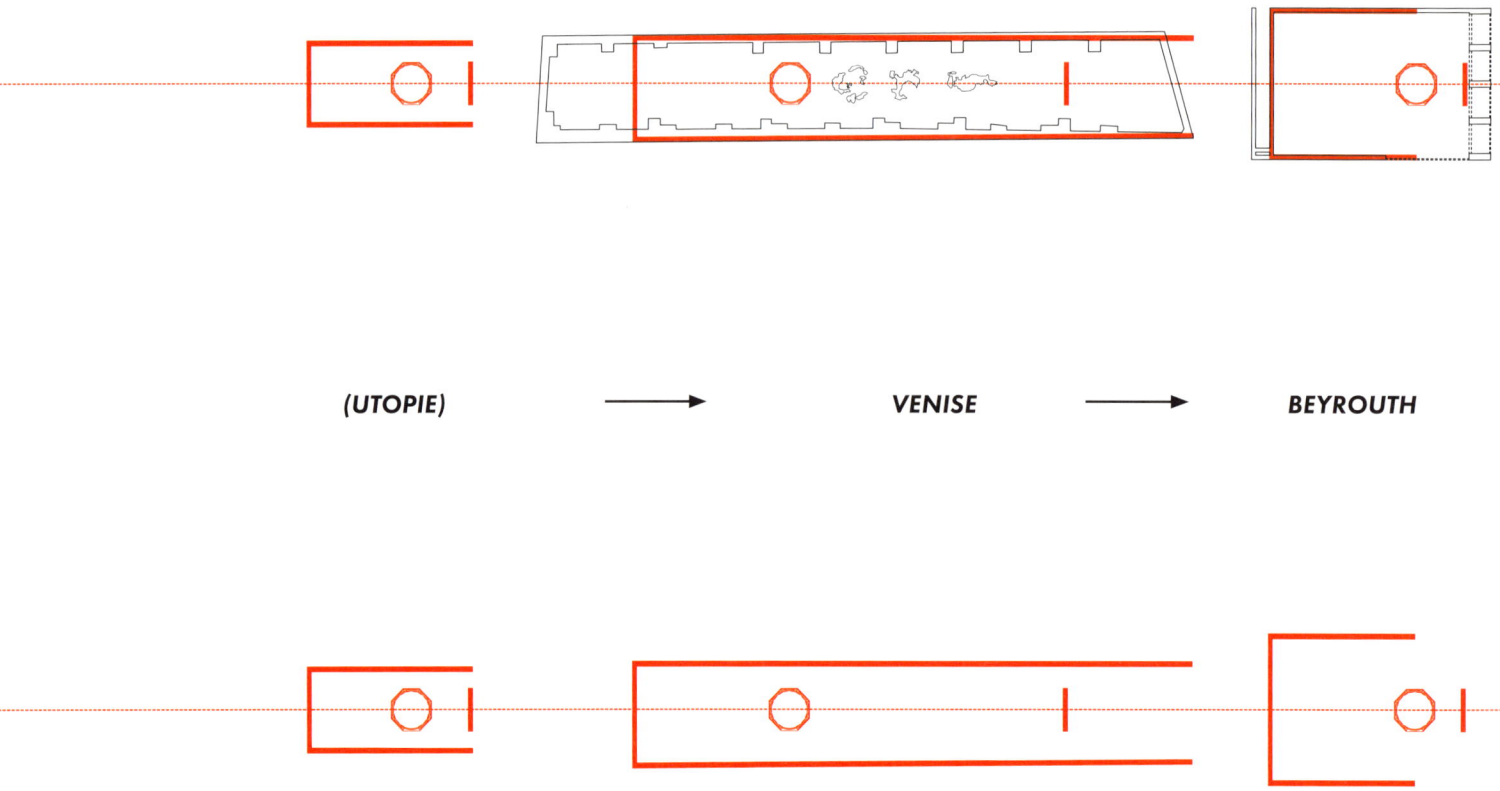

(UTOPIE) → **VENISE** → **BEYROUTH**

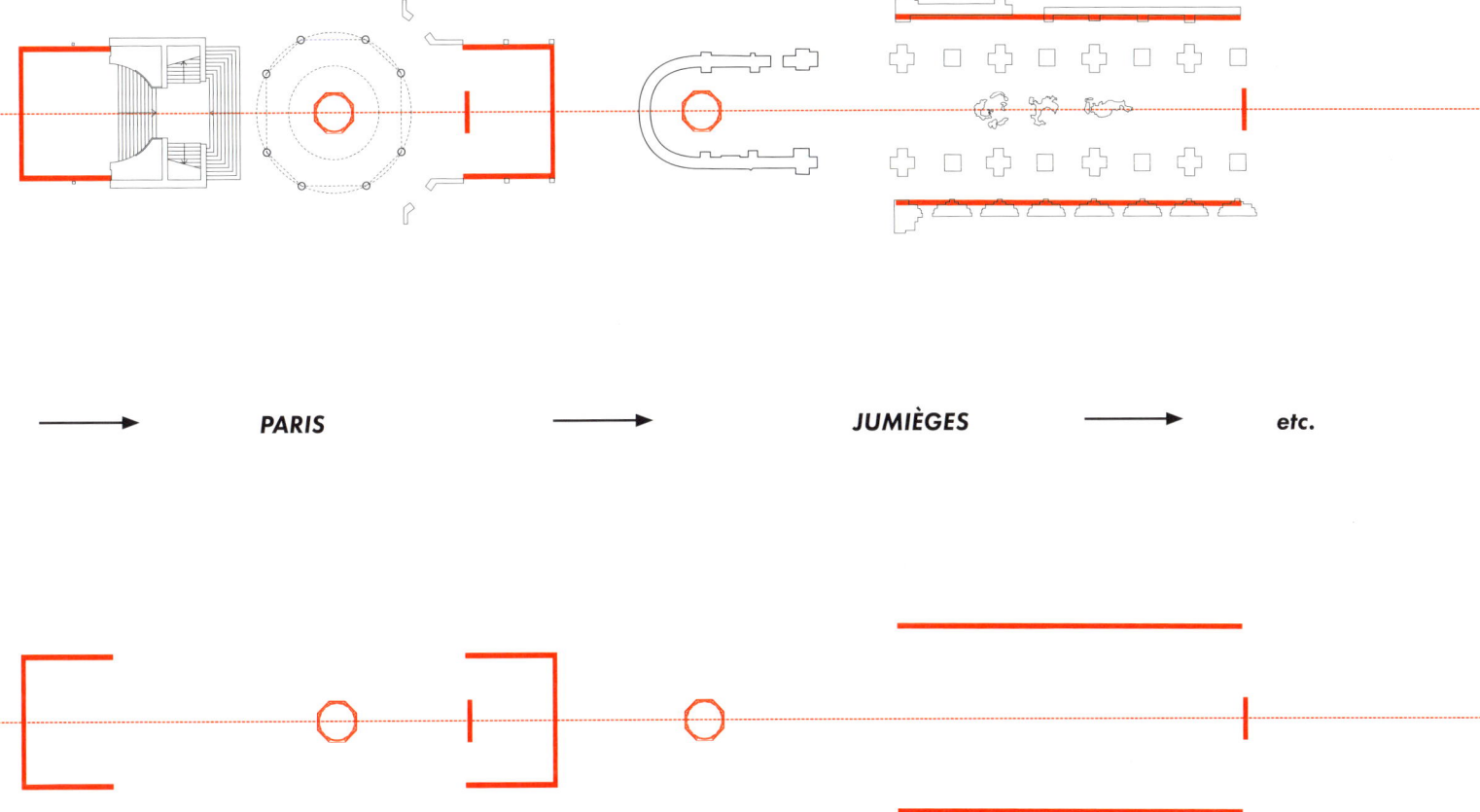

GÉNÉRIQUE
CREDITS

Commissaire général General Commissioner
Jad Tabet

Architecte et curatrice Architect and curator
Hala Wardé

Participants Participants
Etel Adnan
Fouad Elkoury
Alain Fleischer
Paul Virilio
Soundwalk Collective
Jérémy Maxwell Wintrebert

Film Movie *Les Oliviers, piliers du temps* The olive trees, pillars of time
Réalisation Direction Alain Fleischer
Avec la participation de With the participation of Danielle Schirman
Le Fresnoy — Studio national des arts contemporains,
Bertrand Scalabre, Baptiste Evrard, Sylvain Briend,
Plateforme Studio Lebanon
Avec des remerciements à la Municipalité de Bchaaleh, Liban
with special thanks to the Municipality of Bchaaleh, Lebanon

Musique Music *Falling into Time*
Soundwalk Collective — Stephan Crasneanscki, Simone Merli
Interprètes Performers
Lucy Railton, violoncelle cello
Daisuke Tadokoro, piano
Édition Editing
The Vinyl Factory — Vickie Amiralis
Graphisme Graphic Design
Studio Pensom — Paul Pensom, Fortuné Penniman

Conception & Réalisation Design & Production
HW architecture
Mark Davis
Fortuné Penniman
Raphael Samaha
Rafaelle Ishkinazi
Aline Najm, Claudia Louca
Yasmina Ayuch, Giacomo Renaud

Consultants Consultants
A Consulting — Bianca Arrivabene, Mascia Pavon, Sue Ellen Pavin
Bits to Atoms — Guillaume Credoz
Cartel — Claire Bergeaud
Scope Ateliers — Tania Arwachan, Nadim Zablit
Studio Alvise Draghi — Alvise Draghi, Elisa Zanchetta, Nicole Turbian
Philippe Zimmerman

Entreprises et fournisseurs Contractors and suppliers
SAT.Q — Werner Bacciu
TECNOLUCI — Giovanni Bertoli
LAccoustics, 4J Evènements — Raphael Macon
SIMEON — Marco Simeon, Massimo Colombari
RUBELLI — Nicolò Favaretto Rubelli
Fotodart — David Attal
Calamit — Didier Rigaud
Chassitech
Fabio Caffi
Clony
TMH — Nicolas Jorge
ARTERIA — Carlo Manzan

Lieu Site
Magazzini del Sale — RSC Bucintoro
Francesco Casellati, Marco Dolcetti

Œuvres exposées Artworks exhibited
Antiformes, Paul Virilio, peintures à l'huile, 1961
Hommage à la Déesse Olivéa, Etel Adnan, peintures à l'huile, 2019
Les oliviers de Bchaaleh, Fouad Elkoury, photographies, 2020
Metamorphoses, Hala Wardé & Jérémy Maxwell Wintrebert, 2021
Les oliviers, piliers du temps, Alain Fleischer, film 8', 2020
Falling into time, Soundwalk collective, composition musicale, 2020
Magazzini del Sale, architecte Alvise Pigazzi, XVe siècle

Prêt des œuvres Loan of artworks
Paul Virilio:
Sophie Virilio
Centre Pompidou — Bernard Blistène,
Raphaëlle Bianchi, Rania Moussa, Senen Codjo
Etel Adnan :
Galerie Lelong & Co.
Marielle Saradar
Musée national d'art moderne de Paris

Contribution spéciale Special contribution
Charlotte Dauphin Création d'un bijou en collaboration avec Etel Adnan

Relations presse Press relations
Brunswick Arts — Roya Nasser, Annabelle Türkis, Afonso Oliveira
Brunswick Gulf — Dana Sleiman, Noorhan Barakat
MIRROS — Joumana Rizk, Cynthia Geagea

Association *A Roof for Silence*
Hala Wardé, présidente
Léa Forestier, trésorière
Souraya Ayache, secrétaire

Beirut Heritage Initiative
Fadlallah Dagher
Yasmine Dagher
Lynn Tehini
Youmna Ziade

REMERCIEMENTS
ACKNOWLEDGEMENTS

Avec le soutien de With the support of

AMBASSADEURS DU LIBAN AMBASSADORS OF LEBANON
SEM **Rami Adwan**, Ambassadeur du Liban en France
SEM **Sahar Baassiri**, Représentante permanente du Liban auprès de l'UNESCO

UNESCO — LI BEIRUT
Audrey Azoulay, Directrice générale de l'UNESCO
Nada El Hassan, Conseillère de la directrice générale de l'UNESCO
Lodovico Folin Calabi, LI BEIRUT — UNESCO

MINISTÈRE DE LA CULTURE FRANCAIS
Robert Lacombe, Inspection Générale des Affaires Culturelles

AMBASSADE DE FRANCE AU LIBAN
SEM **Anne Grillo**, Ambassadrice de France au Liban
Ina Pouant, Ambassade de France

INSTITUT FRANÇAIS — LIBAN
Marie Buscail, Conseillère de coopération et d'action culturelle
Bénédicte Vigner, Attachée culturelle

INSTITUT FRANÇAIS — PARIS
Christelle Lecoeur, Chargée de mission Architecture, urbanisme et paysage

DÉPARTEMENT DE LA SEINE-MARITIME
Pierre Bouho, Directeur général adjoint des services
Sandra Prédine, Directrice de la Culture et du Patrimoine

Pour son soutien de la première heure et sa contribution à cet ouvrage :
For her early support and contribution to this work:
Dominique Eddé,
qu'elle soit assurée de notre profonde gratitude,
may she be assured of our deep gratitude.

Notre vive reconnaissance va également
aux auteurs, traducteurs et aux photographes
qui nous ont permis d'utiliser leur travail, tout particulièrement :
We are also very grateful to the authors, translators
and photographers who have allowed us to use their work,
especially to:
Anne-Marie Affeiche
Alain Fleischer
Emma Lavigne
Yves Michaud
Thierry Paquot
Yann Perreau
Danielle Schirman

A Roof for Silence, en hommage à Paul Virilio, doit beaucoup au soutien
de sa fille, **Sophie Virilio**, que nous remercions pour sa précieuse contribution,
ainsi que **Bernard Blistène et les équipes du Centre Pompidou**.
A Roof for Silence, a tribute to Paul Virilio, owes much to the support
of his daughter Sophie Virilio, whom we thank for her valuable contribution,
as well as Bernard Blistène and the Centre Pompidou teams.

Ayant participé à la création d'une nouvelle revue, *Dromologie*,
consacrée à la pensée de Paul Virilio, et dont le premier numéro présente le projet
A Roof for Silence, Hala Wardé adresse ses remerciements à l'ensemble des membres
du comité éditorial et en particulier à :
With *A Roof for Silence*, Hala Wardé pays tribute to Paul Virilio.
A chapter of the review *Dromologie* presents the project and its installation in Venice.
On this occasion, we would like to thank all the members of the editorial committee
of the review, and more specifically:
Thierry Paquot
Jean Richier
Sharon Rotbard
Virginie Segonne
Sophie Virilio
Eyal Wiezman

À nos amis et connaissances, un remerciement pour leur soutien tout au long
de cette aventure. Qu'ils trouvent ici l'assurance de notre gratitude pour leur
précieuse contribution ainsi que tous ceux qui ont préféré garder l'anonymat.
To our friends and acquaintances, a thank you for their support throughout
this adventure. May they find here the assurance of our gratitude for their
precious contribution, as well as all those who preferred to remain anonymous.
Rima Abdul Malak
Naim Abou Jaoudé
Alia Atieh
Joe Bahout
Fadlallah Dagher
Pierre Donnersberg
Hala Fadel
Hady Farah
Maha Heneine
Marie-Christine Labourdette
Jean de Loisy
Manuela Luca Dazio
Carlo Michienzi
Michel Miraillet
Alfred Pacquement
Bruno Racine
Carla Rebeiz
Sarah Salem
Dominique Senequier
Leïla Shahid

Enfin, un immense merci à toute l'équipe **HWarchitecture**
pour leur précieuse collaboration.
Finally, a huge thank you to the entire HW Architecture team
for their precious collaboration.

BIOGRAPHIES
BIOGRAPHIES

Hala Wardé
Née au Liban en 1965, Hala Wardé est diplômée de l'École Spéciale d'Architecture de Paris où elle a étudié avec Paul Virilio puis Bernard Tschumi et Jean Nouvel avec lequel elle a collaboré pendant plus de 20 ans. En 2008, Hala Wardé a créé son agence, HW architecture. Elle a réalisé de nombreux projets tels que le musée du Louvre Abu Dhabi et le Beyrouth Museum of art (BeMA).

Born in Lebanon in 1965, Hala Wardé trained as an architect at the Ecole Spéciale d'Architecture in Paris where she studied with Paul Virilio, Bernard Tschumi and Jean Nouvel, with whom she worked for over 20 years. In 2008, she established HW architecture, her own architectural practice. She designed numerous projects, among which the Louvre Abu Dhabi landmark museum and Beirut Museum of Art (BeMA).

Etel Adnan
Poète, essayiste et artiste libano-américaine, Etel Adnan est née à Beyrouth, au Liban, en 1925. Elle vit et travaille actuellement à Paris. Pluridisciplinaire, l'artiste bénéficie d'une immense reconnaissance internationale. Ses œuvres sont exposées régulièrement et figurent parmi de prestigieuses collections muséales telles que le Centre Pompidou, Paris ; MoMA, New York ou encore le Mathaf, Doha.

Lebanese-American poet, essayist and artist, Etel Adnan was born in Beirut, Lebanon, in 1925. She currently lives and works in Paris, France. Her career spans several decades and encompasses a wide range of media. Her works are regularly displayed and are among the most prestigious museum collections such as Centre Pompidou, Paris; MoMA, New York and Mathaf, Doha.

Fouad Elkoury
Né en 1952 à Paris, Fouad Elkoury est un photographe installé entre Paris et Beyrouth. Ses photographies de guerre prises à Beyrouth ainsi que son travail d'après-guerre ont été largement publiés et exposés. Fouad Elkoury est également le cofondateur de la Arab Image Foundation de Beyrouth.

Born in 1952 in Paris, Fouad Elkoury is a photographer living between Paris and Beirut. His photographs of Beirut torn by the civil war and his post-war work have been widely exhibited and published. Fouad Elkoury also co-founded the Arab Image Foundation in Beirut.

Alain Fleischer
Écrivain, cinéaste, artiste et photographe, Alain Fleischer est également professeur à l'université. Fondateur et directeur du Fresnoy-Studio national des arts contemporains, il est auteur d'une cinquantaine d'ouvrages de littérature et réalisateur de quelques trois-cent cinquante films.

Alain Fleischer is a French writer, filmmaker, artist and photographer. He also gave classes at the University of Paris III Sorbonne Nouvelle, at the University of Quebec in Montreal, at Idhec/Femis and at the National School of Photography in Arles. He is the Founder and director of Le Fresnoy-Studio national des arts contemporains.

Paul Virilio 1932-2018
Architecte et essayiste français, Paul Virilio est souvent présenté comme « le penseur de la vitesse ». Après une formation de maître verrier, il collabore avec Henri Matisse à Saint-Paul de Vence et avec Georges Braque à Varengeville. Fondateur avec Claude Parent du groupe Architecture Principe, il a également formé de grands architectes français dont Jean Nouvel.

`French urban planner and essayist, is often presented as "the thinker of speed". After training as a master glassmaker, he collaborated with Henri Matisse in Saint-Paul-de-Vence and with Georges Braque in Varengeville. In 1963, he founded with Claude Parent the Architecture Principe group. Professor with Parent at the Ecole Spéciale d'Architecture in Paris, they both trained several famous French architects, like Jean Nouvel.

Soundwalk Collective
Soundwalk Collective est un collectif sonore expérimental fondé par Stephan Crasneanscki à New York en 2000 et rejoint par Simone Merli en 2008. Le collectif accueille des artistes sonores et des musiciens pour des collaborations reposant sur plusieurs disciplines. Les représentations ont été organisées dans de nombreuses institutions dont le Centre Pompidou, le Louvre Abu Dhabi ou encore le Museo MADRE.

Soundwalk Collective is an experimental sound collective founded by Stephan Crasneanscki in New York City in 2000 and later joined by Simone Merli in 2008. The collective welcomes sound artists and musicians who create performances combining anthropology, ethnography, non-linear narrative, psycho-geography, the observation of nature, and explorations in recording and synthesis. Performances were organized at Centre Pompidou, Louvre Abu Dhabi and other important cultural institutions.

Jérémy Maxwell Wintrebert
Né à Paris, Jérémy Maxwell Wintrebert a vécu sur la côte ouest de l'Afrique, aux États-Unis et en France. Peintre, il s'initie également au travail du métal et de l'argile avant de se passionner pour l'art verrier. Ses réalisations en verre soufflé à la main témoignent d'un intérêt tout particulier pour le design.

Born in Paris, Jérémy Maxwell Wintrebert has lived on the west coast of Africa, in the United States and in France. He first used painting to create. He also explored metals and clay before discovering glassworks. He then learned the skills and mastery of free hand glass blowing. His glassworks show a strong design approach.

PARTENAIRES & MÉCÈNES
SPONSORS & PARTNERS

L'installation n'aurait pas pu exister sans la générosité de donateurs privés, parmi lesquels :
The installation would not have been possible without the generosity of private donors, including:

Philippe et Zaza Jabre, Carlo Michienzi, Isabelle et Friedrich Pfeffer, Danielle de Picciotto

Avec le soutien de :

HW ARCHITECTURE
29 rue du Louvre 75002 Paris

Hala Wardé
Architecte Architect

Jean-François Bourdet
Architecte partenaire Partner architect

Aline Najm
Directrice administrative et financière
Administrative and financial director

Mark Davis
Alice Dufourmantelle
Stéphanie Menem
Fortuné Penniman
Chloé Portelette
Raphaël Samaha
Architectes Architects

Rafaelle Ishkinazi
Graphiste Graphic Designer

Claudia Louca
Chargée des relations extérieures
External relations officer

www.hw-architecture.fr
instagram → @hwarchitecture

A ROOF FOR SILENCE

Hala Wardé
Directeur d'ouvrage Project Director

Fortuné Penniman
Production graphique Graphic production

Rafaelle Ishkinazi
Graphiste Graphic Designer

Yann Perreau
Accompagnement éditorial Editorial support

www.aroofforsilence.com
instagram → @aroofforsilence

ÉDITIONS SKIRA PARIS
14 rue Serpente 75006 Paris
www.skira.net

Nathalie Prat-Couadau
Responsable des éditions Senior editor

María Laura Ribadeneira
Coordination éditoriale Editorial coordination

Meryl Mason
Chargée de projet Project manager

Lucie Ketlas
Assistante éditoriale Editorial assistant

Laeticia Agostino
FRANÇAIS FRENCH

Monique Gross
ANGLAIS ENGLISH
Relecture et correction Copyediting and proofreading

Rafaelle Ishkinazi
Conception graphique Graphic design

Litho Art New, Turin
Photogravure Color separation

ISBN: 978-2-37074-167-7
© HW Architecture, 2021
© Éditions Skira Paris, 2021

Crédits photographiques
Photographic credits

© HW architecture : p.25
© 2021 Google © 2021 The GeoInformation Group : p. 10, p. 68
© Event Horizon Telescope Collaboration : p. 71
© Office for Emergency Management, New York : p. 72
© Ville de Grenoble / Musée de Grenoble-J.L. Lacroix : p. 74
© Sophie Virilio : p. 126
© HW architecture : p.172
© Wikipedia Commons / Aisano, FAL : p. 173
© Hala Wardé : pp. 182-183
© Danielle Schirman, Alain Fleischer & HW architecture : pp. 196-211
© Marwan Harmouche : p. 217
© CNAP / Florent Michel : p. 218
© Département de Seine-Maritime / Alan Aubry : p. 219

Crédits patrimoniaux
Copyrights

Pour les documents créés par Hala Wardé Architecture
For the documents created by Hala Wardé Architecture
© Hala Wardé Architecture
© Succession Picasso 2021 : p. 25
© Etel Adnan : p. 37, pp. 45-60, p. 208
© Samir Sayegh : pp. 38-39, p. 69
© John Adams : p. 72
© Succession Alberto Giacometti (Fondation Alberto et Annette Giacometti, Paris + ADAGP, Paris) 2021 : p. 73
© 2021 Sam Francis Foundation, California / ADAGP, Paris Untitled, 1969 : p. 74
© 2020 Forensic architecture / NASA / JPL-Caltech / Earth Observatory of Singapore / ESA : pp. 118-119
© Dominique Eddé : p. 123
© Paul Virilio : pp. 128-133, p. 200, p. 205, p. 214
© Fouad Elkoury : pp. 152-169, p. 201, pp. 206-207
© Jérémy Maxwell Wintrebert : pp. 182-183, pp. 202-203, p. 210
© The Vinyl Factory : p. 185, p. 191

Malgré nos recherches sérieuses, certains auteurs ou ayants droit de photographies
et/ou d'œuvres reproduites dans cet ouvrage n'ont pas pu être identifiés.
Quiconque estime avoir des droits à faire valoir est invité à contacter l'éditeur.
Despite serious research, some authors or copyright holders of photographs
and/or works reproduced in this volume could not be identified.
Whosoever believes he has rights to enforce is asked to contact the publisher.

Tous droits réservés.
Aucune partie de cette publication
ne peut être reproduite, archivée ou transmise
sous quelque forme ou par quelque moyen que ce soit,
électronique, mécanique, par photocopie ou autre,
sans l'autorisation préalable de l'éditeur.
All right reserved.
No part of this publication
may be reproduced, stored in a retrieval system,
or transmitted in any form or by any means,
electronic, mechanical, photocopying, recording, or otherwise,
without prior consent of the publishers.

Achevé d'imprimer en juin 2021
sur les presses de **Graphius** à Gand, Belgique.
Dépôt légal juillet 2021.
Printed in June 2021
on **Graphius** presses in Ghent, Belgium.
Legal deposit July 2021.